# MEMOIRES

## POUR SERVIR A L'HISTOIRE

### DE LA

# FÊTE DES FOUX,

Qui se faisoit autrefois dans plusieurs Eglises.

## PAR Mr. DU TILLIOT,

*Gentil-homme ordinaire de Son Altesse Royale*
*Monseigneur le* DUC DE BERRY.

A LAUSANNE & à GENEVE,

Chez MARC-MICHEL BOUSQUET & Compagnie.

MDCCXLI.

*A MONSIEUR*

# BOUHIER,

PRESIDENT A MORTIER

AU PARLEMENT DE BOURGOGNE,

ET L'UN DES QUARANTE DE

L'ACADEMIE FRANÇOISE.

*MONSIEUR,*

S I je Vous ai caché jusqu'ici le deffein où je fuis depuis long-tems, de donner au Public l'Origine de la FETE DES FOUX, & l'Inftitution de la Compagnie de la MERE-FOLLE de Dijon, fur les Mémoires que j'ai raffemblez; c'eft que je ne me flattois pas, malgré toutes mes recherches, de

† 2

*trouver*

trouver sur cette Matiére les éclaircissemens qui me paroissoient nécessaires. Puisque j'ai eu le bonheur d'en découvrir un nombre assez considérable, j'ai cru que nos Compatriotes ne seroient pas fachez que je leur fisse part du fruit de mon travail.

La découverte que je fis, d'une représentation d'un Char parfaitement bien figuré, ayant pour Titre, Le Chariot de la Mere-Folle de Dijon, fut le motif de l'Ouvrage qui fait la Seconde Partie de ce Livre. Je me souvenois d'ailleurs d'avoir vû, dès 1695. l'Etendart original dont cette Compagnie de la Mere-Folle se servoit, lorsqu'elle marchoit par la Ville, les jours de réjouïssance.

L'on peut assurer avec assez de probabilité, qu'on l'arboroit aux Processions que cette Societé avoit coutume de faire. Elle avoit même un bâton qui se portoit pareillement à ces assemblées, duquel, ainsi que du Chariot & de l'Etendart, je donne dans ce Traité des représentations au naturel.

Ces Faits sont appuyez par deux Ecrits authentiques, savoir, les Confirmations accordées en 1454. au Bâtonnier de cette Compagnie, par le Duc de Bourgogne PHILIPPE le Bon; & en 1482. par JEAN D'AMBOISE, Evéque de Langres, alors Lieutenant

pour

*pour le Roi en Bourgogne , conjointement avec* Jean
de Baudricourt, *Gouverneur de la Province, à
la Requête du Protonotaire des Foux. Les Lettres du
Duc scellées de son Sceau en cire verte , & les autres
signées de l'Evêque & du Gouverneur, & scellées du
Sceau de leurs Armes en cire rouge , se conservent en
Original dans le thréfor de la Sainte Chapelle de Dijon.*

*De ces deux Titres qui ne laissent plus de doute sur
cette Inftitution, il réfulte, qu'on en doit chercher la fource dans un tems plus reculé ; mais je n'ai pû découvrir
au jufte le tems de l'Inftitution de la Mere-Folle de
Dijon, & faute de Titre pour le conftater , j'ai eu re-
cours aux conjectures les plus vraisemblables que j'ai
pû trouver.*

*Comme ces fortes de réjouïffances des Laïques, paroif-
fent imitées de celles, qui, depuis plufieurs fiecles, fe faifoient dans les Eglifes par les Eccléfiaftiques, vers le
commencement de l'année, fous le nom de la* Fête des
Foux, *j'ai tâché de raffembler tout ce qui regarde ces
extravagantes Cérémonies.*

*Mais, parce que ces Societés, qui, dans l'origine, pou-
voient paffer pour d'honnêtes récréations, étoient devenues
à la fin trop licencieufes, les Arrêts du Parlement les
avoient un peu temperées; & enfin le Roi* Louis XIII.
*fuppri-*

_fupprima tout-à-fait celle de Dijon, dont quelques autres Villes avoient fuivi l'exemple._

_Voila,_ MONSIEUR, _tous les éclairciffemens que j'ai découverts fur la Societé de la Mere-Folle, & la production des foins qu'il m'a fallu prendre, pour raffembler dans cet Ouvrage, des Preuves qui paroiffent fans replique._

_Vôtre zèle,_ MONSIEUR, _pour vôtre Patrie & pour la République des Lettres, où vous tenez un rang fi diftingué, m'engage à vous offrir ces deux Differtations, & à vous donner cette marque publique de la reconnoiffance que je conferve de vos bontés, & de l'amitié dont vous avez bien voulu m'honorer dans toutes les occafions._

_J'ai l'honneur d'être avec un refpectueux attachement,_

MONSIEUR,

Vôtre très-humble & très-
obéïffant Serviteur,

Du Tilliot.

*Dessein de la Mere-folle, tiré sur une figure en bois du Cabinet de feu M. l'Abbé Boisot.*

*Dessein d'une Estempe representent la Follie.*

Combien de curieux empreſſez à me voir,
Pourront en me voyant ſe paſſer de miroir!

Le monde est plein de Foux, et qui n'en veut pas voir
Doit se tenir tout seul et casser son miroir.

Dèssein d'un Sceau en Cire rouge, tiré sur l'Ori=
ginal qu'avoit feu M. De Vandenesse Apoticaire
à Dijon.

Dessein du bâton de cette Compagnie, dont
l'Original étoit entre les mains de Monsieur
Poissonnier maître Apotiquaire à Dijon.

Dessein de l'Etendart de cette Compagnie, dont l'Original est entre les mains des herities de Monsieur Carrelet, à Dijon.

Dessein du Guidon de la Compagnie dont l'Original est entre les mains de M. du Tilliot.

Revers du Guidon de l'Infanterie
Dijonnoise.

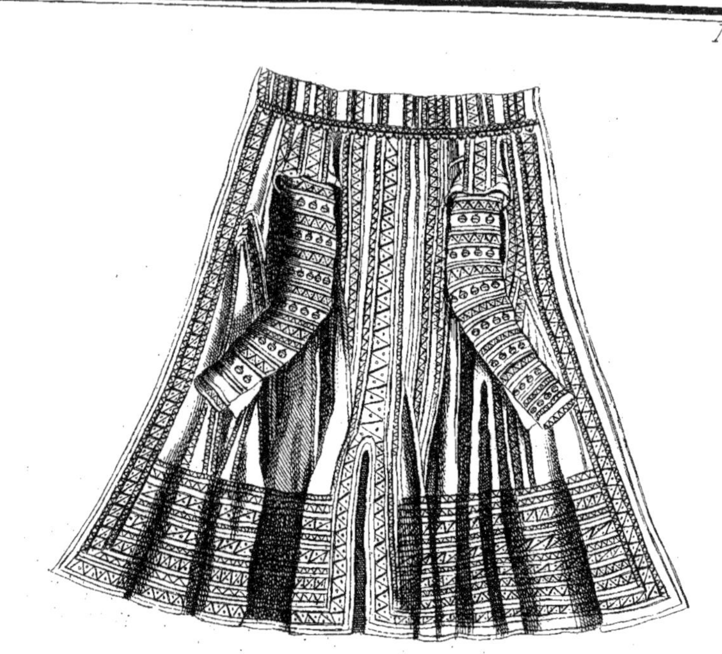

Dessein de l'habit du Guidon de la Compagnie,
de Velours vert galonné d'Argent; les manches
entiérement de Velours rouge, galonnées de même
avec des grelots entre la distence des galons,
tiré Sur l'Original qui étoit entre les mains
de M. l'Abbé Gillet.

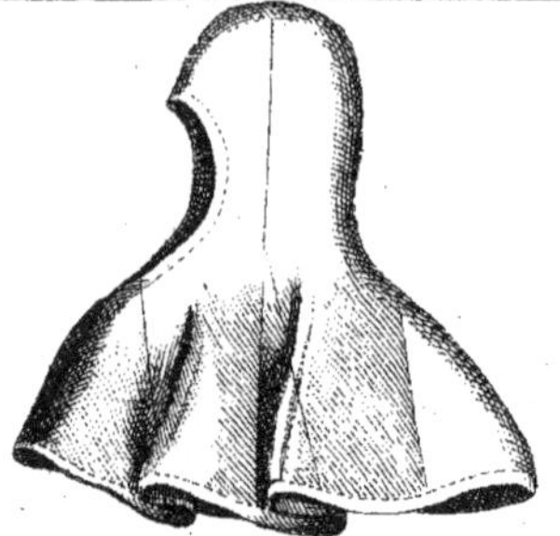

*Dessein du bonnet de la Compagnie, tiré du Cabinet de M. du Tilliot.*

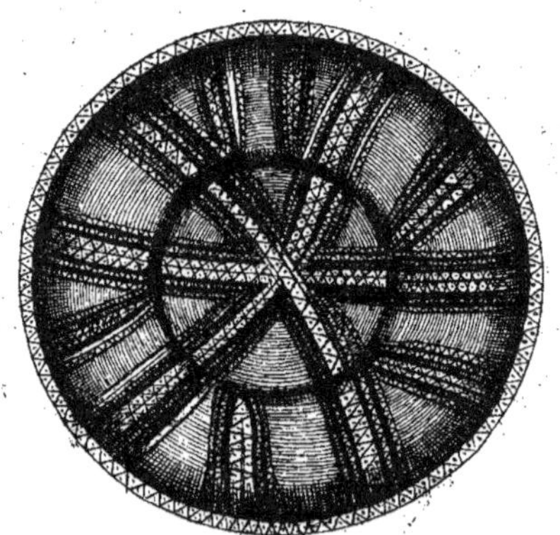

*Dessein du Chapeau du Guidon, couvert de Velours vert, et galonné d'Argent, tiré du Cabinet de M. l'Abbé Gillet.*

Dessein de la Marotte que la Mere-folle tenoit en sa
main dans les cérémonies, tiré sur l'Original du
Cabinet de feu M. Parise, tresorier de france à Dijon.

Dessein d'une Cruche de Porcelaine dont on se servoit dans les
repas de Cérémonies à la reception d'un Chevalier,
tiré du Cabinet de M. du Tilliot.

Dessein d'un autre Sceau en cire verte attaché aux Lettres Patentes accordées à henri de Bourbon Prince de Condé, lors qu'il fut reçeu en la Compagnie de la Mere-folle à Dijon en 1626. tiré du cabinet de M. du Tilliot.

Dessein d'un autre Sceau de la Mere-folle en Bronze, tiré sur l'original du Cabinet de M. du Tilliot.

N.º 12.

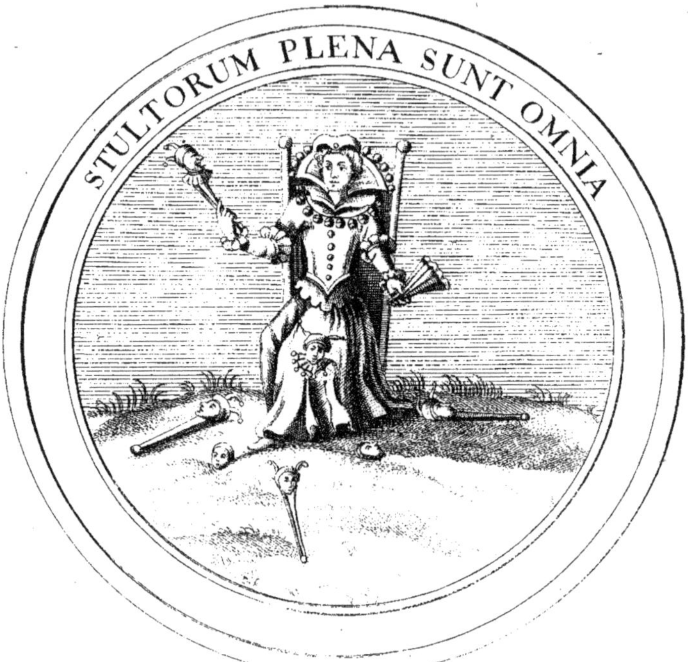


*Dessein d'un Sceau en cire rouge attaché aux Lettres Patentes de Chevailler, accordée à henri de Bourbon, Prince de Condé, Premier Prince du Sang.*

# MÉMOIRES

*POUR SERVIR A*

# L'HISTOIRE

*DE LA*

# FÊTE DES FOUX.

*PREMIERE PARTIE.*

*Qui contient l'Hiſtoire de ſon Origine.*

E S Fêtes dont j'entreprends l'Hiſtoire, ſont ſi extravagantes , que le Lecteur auroit peine à y ajouter foi, s'il n'é- toit inſtruit de l'ignorance & de la barbarie des Siecles qui ont précédé la renaiſſance des Belles‑Lettres au XV Siecle en Italie , d'où elles paſ- ſerent enſuite dans les autres parties de l'Europe.

Nos dévots Ancêtres, ne croioient pas desnonorer Dieu par les Cérémonies que je vais décrire , dé-

A

rivées

rivées prefque toutes du Paganifme, introduites en des tems peu éclairés, & contre lefquelles il a fouvent été néceffaire que l'Eglife ait lancé fes foudres.

AVANT que de parler de la *Fête des Foux*, il me paroit à propos de dire quelque chofe des *Saturnales*, auxquelles elle doit probablement fon origine.

LES *Saturnales* étoient des Fêtes folemnelles, inftituées en l'honneur de Saturne, & qui fe célébroient à Rome le 16 des Calendes de Janvier, c'eft-à-dire, le 17 de Decembre. Elles furent établies long-tems avant la fondation de Rome, felon *Macrobe ( a )* qui raporte trois fentimens de leur inftitution. Mais *Denis* d'*Halicarnaffe* croit qu'elles viennent des Romains.

CETTE Fête ne dura qu'un jour au commencement, & cet ordre continua jufqu'à l'Empire d'Augufte, qui ordonna qu'elle dureroit trois jours : l'on mêla depuis les *Saturnales* avec les *Sigillaires ( b )*, ce qui fut caufe que cette Fête duroit tantôt cinq jours, comme on le voit dans *Martial*, *( c )*

> *Nulla remififti parvo pro munere dona,*
> *Et jam Saturni quinque fuere dies,*

& tantôt fept.

LUCIEN fait ainfi parler Saturne lui-même dans les Saturnales au fujet de cette fête. ,, Pendant tout mon regne qui ne dure ,, qu'une femaine, il n'eft pas permis de vacquer à aucune affaire ,, ni

_____

( a ) V. Lib. I. Saturnal. & Dictionar. Antiquit. Romanar. & Græcar. au mot *Saturnalia*, p. 723. & l'Europe Savante Juin 1718. tom. 3. pag. 257 *& fuiv*. & Hiftoire de l'Académie des Infcriptions & Belles Lettres tom. 2. pag. 78.

( b ) MACROBE, *Lib. I. cap.* 2. *circa medium* place les Saturnales au folftice d'hiver. *Cum folftitialis dies qui Saturnaliorum fefta confecutus eft.* Il prétend qu'elles commençoient à minuit du 14. jour avant les Calendes de Janvier. *Ergo noctu futurâ cum medium effe cœperit, aufpicium Saturna'iorum erit*; qu'on les étendit jufqu'à 7. jours à caufe de la foire des Médailles, ou Jettons effigiez, qu'ils nommoient *Sigillaires*, dont il fe

faifoit

„ ni publique, ni particuliere ; mais feulement de boire , chanter ;
„ jouer, faire des Rois imaginaires, mettre les Valets à table avec
„ leurs Maîtres, & les barbouiller de fuie , ou les faire fauter dans
„ l'eau la tête la premiere, lorfqu'ils ne s'acquittent pas bien de
„ leur devoir.

LUCIEN rapporte enfuite les Loix des Saturnales. Les Efclaves
qui prenoient la place de leurs Maîtres, avoient la liberté de tout
dire en cette Fête, & de fe railler d'eux en leur préfence, comme
le témoigne Horace *Livr. 2. Sat. 7.*

*Age , libertate Decembri ,*
*Quando ita Majores voluerunt , utere , narra.*

J'ESPERE que le Lecteur me pardonnera de m'être un peu
étendu fur les *Saturnales*, qui font l'origine de la *Fête des Foux*
parmi les Chrétiens. Lorfque les Payens embrafferent le Chriftianifme, ils eurent peine à perdre l'habitude où ils étoient de célébrer certaines fêtes réjouiffantes : ils en fubftituerent de nouvelles
aux anciennes, d'abord avec moins de licence , ce qui engagea
peut-être les Evêques à les tolerer quelque tems, quoique l'on
puiffe dire qu'ils n'épargnerent rien pour les abolir dans la fuite,
furtout quand ils s'aperçurent qu'on y paffoit les bornes de la
modeftie.

PAR la feule expofition des Saturnales, il eft aifé de fe for-
mer une idée de la Fête des Foux, car comme dans les Saturnales , les Valets faifoient les fonctions de leurs Maîtres, de

A 2

même

faifoit en ces jours-là des préfens & un commerce extraordinaire. HERODIEN témoigne
encore que de fon tems , c'eft-à-dire dans le troifieme Siecle du Chriftianifme , les Calendes de Janvier étoient folemnifées à Rome avec les Cérémonies & les réjouiffances
des Saturnales ; ce qui favorife mon fentiment que la Fête des Foux qui fe célébroit
particulierement en ce tems-là , dérive des Saturnales ; il y a de l'apparence que les
Chrétiens reculerent les Saturnales jufques aux fêtes de Noël , qui étoit un tems de ré-
jouiffance à caufe de la naiffance du Sauveur , & qu'ils les pousferent jufqu'au premier
jour de Janvier.

(*c*) *Epigr.* 89. *lib.* 4. Saturnalia ad quintum diem porrexit Caligula.

( 4 )

même dans la Fête des Foux *(d)* les jeunes Clercs & les autres Ministres inférieurs de l'Eglise officioient publiquement & folemnellement, pendant certains jours confacrés à honorer les Myftères du Chriftianifme.

MAIS l'Eglife en Corps n'a jamais approuvé cette mauvaife coutume, au contraire dès qu'on vit qu'elle caufoit du defordre les Evêques firent leur poffible pour l'abolir, & ordonnerent des Priéres publiques, des Proceffions & des Jeûnes à cette occafion, ainfi qu'on peut le voir dans le Concile de Tolede tenu en *633.* Long-tems auparavant St. Auguftin avoit commandé *( e )* qu'on chatiât rigoureufement ceux qui feroient convaincus de cette impieté ; & depuis ce tems-là, comme je le dirai dans la fuite, les Conciles, les Papes, & les Evêques fe font apliqués à détruire entierement ces defordres.

TELLE eft la fource la plus reculée où j'aie pû trouver quelque chofe de certain fur la Fête des Foux, dont il eft peut-être difficile de fixer au jufte l'Epoque, & qui fit naître dans la fuite mille abominations inconnues aux premiers Siecles de l'Eglife.

CEDRENUS *(f)* nous aprend que dans le X. Siecle, Theophylacte Patriarche de Conftantinople avoit introduit cette Fête dans fon Eglife, d'où l'on peut conclure qu'elle s'étendoit de tout côté, dans l'Eglife Grecque, comme dans l'Eglife Latine.

POUR

---

*(d)* DU CANGE dans fon *Gloffarium ad Scriptores &c. Tom. II. p. 183.* parle de cette Fête au mot *Kalendæ*, & il remarque qu'elle s'appelloit en France *la Fête des Sou-Diacres*, non pas qu'il n'y eut qu'eux qui la fiffent, mais par une allufion groffiere à la débauche des Diacres, qui s'abandonnoient aux excès du vin &c. comme fi l'on difoit, la Fête des Diacres faouls & yvres. *Saturi Diaconi*, dit M. Du Cange.

*( e )* Voy *Sermon* 215. *de tempore* Le Traité contre les Mafques par *Jean Savaron*, Paris 1611. 12. V. *Homil. Beat.* AUGUST. *de Kalendis Januarii*, & reverendæ Sorbonæ Decreta in Epiftola contra Feftum Fatuorum p. 113. in fine & p. 46. & feqq. Ibid. p.38.

*(f)* CEDREN. *Hiftoriar. p. 639.* BARONIUS *ann.* 956. nous apprend qu'on a fouffert durant plufieurs Siecles dans l'Eglife de Conftantinople, qu'aux fêtes de Noël & de l'Epiphanie le Peuple & le Clergé fiffent des huées, des clameurs, des danfes, des
bouffon-

POUR entrer dans un plus grand détail, ces Fêtes étoient une réjouiſſance que les Clercs, les Diacres, & les Prêtres même faiſoient dans pluſieurs Egliſes pendant l'office Divin en certains jours, principalement depuis les Fêtes de Noël juſqu'à l'Epiphanie, & notamment le premier jour de l'An : C'eſt pourquoi on l'apelloit auſſi la Fête des Calendes.

ON éliſoit dans les Egliſes Cathedrales, un Evêque ou un Archevêque des Foux, & ſon élection étoit confirmée par beaucoup de bouffonneries ridicules (g) qui leur ſervoit de ſacre, après quoi on les faiſoit officier pontificalement, juſqu'à donner la Bénédiction publique & ſolemnelle au peuple, devant lequel ils portoient la Mitre, la Croſſe, & même la Croix Archiépiſcopale. Mais dans les Egliſes Exemptes, ou qui relevoient immédiatement du St. Siege, on éliſoit un Pape des Foux (unum Papam fatuorum) à qui l'on donnoit pareillement & avec grande dériſion les ornemens de la Papauté, afin qu'il put agir & officier ſolemnellement, comme le St. Pére.

DES Pontifes & des Dignités de cette eſpece étoient aſſiſtés d'un Clergé auſſi licentieux. On voyoit les Clercs & les Prêtres faire en cette Fête un mêlange afreux de folies & d'impietez pendant le ſervice Divin, où ils n'aſſiſtoient ce jour-là qu'en habits de Maſcarade & de Comedie. Les uns étoient maſquez, ou avec des viſages barbouillés qui faiſoient peur, ou qui faiſoient rire; les autres en habits de femmes ou de pantomimes, tels que ſont les Miniſtres du Theatre. Ils danſoient dans le Chœur en entrant,

A 3

---

bouffonneries, au milieu du Temple & à la face du Sanctuaire, *Satanicas ſaltationes, indecoros clamores, & cantica ex triviis atque fornicibus percepta.* Cet abus avoit été introduit par Theophilacte fameux dans l'Hiſtoire Eccleſiaſtique de ce tems-là, par ſes deſordres. Cette coutume duroit encore plus de 200. ans après, ſous le Patriarche *Balſamon*, puiſqu'il ſe plaint dans ſes *Commentaires* ſur le 62. Canon du Concile tenu dans le Palais de l'Empereur, *in Trullo*, qu'aux jours des Rois on commettoit mille abominations dans l'Egliſe de Conſtantinople.

(g) Voy. au ſujet de cette Fête, *Gloſſar. ad Scriptores mediæ & infimæ Latinitatis* Tom. I. p. 24. *in fol.* au mot *Abbas Cornardorum.* Edit. de 1733.

trant, & chantoient des chanſons obſcènes. Les Diacres & les Sou-diacres prenoient plaiſir à manger des boudins & des ſaucices ſur l'Autel, au nez du Prêtre célébrant : ils jouoient à ſes yeux aux Cartes & aux Dez : ils mettoient dans l'Encenſoir quelques morceaux de vieilles ſavates, pour lui faire reſpirer une mauvaiſe odeur. Après la Meſſe, chacun couroit, ſautoit & danſoit par l'Egliſe avec tant d'impudence, que quelques uns n'avoient pas honte de ſe porter à toutes ſortes d'indécences, & de ſe dépouiller entierement ; enſuite ils ſe faiſoient trainer par les rues dans des tombereaux pleins d'ordures, où ils prenoient plaiſir d'en jetter à la populace qui s'aſſembloit autour d'eux. Ils s'arrêtoient & faiſoient de leurs corps des mouvemens & des poſtures laſcives, qu'ils accompagnoient de paroles impudiques. Les plus libertins d'entre les Séculiers, ſe mêloient parmi le Ciergé, pour faire auſſi quelques perſonnages de foux en habits Eccleſiaſtiques, de Moines & de Religieuſes. Enfin, dit un ſavant Auteur (h), c'étoit l'abomination de la déſolation dans le lieu Saint, & dans les perſonnes de l'état le plus ſaint.

Il eſt marqué dans le Concile de Paris, tenu en 1212, qu'un de ces foux prenoit une Croſſe avec les autres ornemens Epiſcopaux ; & l'on voit dans celui de Bâle, qu'en certaines Fêtes de l'année, quelques perſonnes revêtues d'habits pontificaux avec la Mitre & la Croſſe, donnoient la Bénédiction comme les Evêques ; que les autres s'habilloient en Rois & en Ducs ; & d'autres ſe maſquoient pour repréſenter des Jeux.

Beleth, Docteur en Theologie de la Faculté de Paris, qui vivoit en 1182. écrit que la Fête des Sou-diacres & des Foux, ſe célébroit par quelques uns le jour de la Circonciſion, par d'autres le jour de l'Epiphanie ou pendant l'Octave. Il ajoute, qu'après la fête de Noël, il ſe faiſoit quatre danſes dans l'Egliſe,
ſavoir

(h) Deslyons, *Traitez ſinguliers & nouveaux contre le Paganiſme du Roy boit,* pag. 296. de la ſeconde Edition, Paris 1670. in 12.

favoir des Levites ou Diacres, des Prêtres, des Enfans ou Clercs, & des Sou-diacres. Il y avoit même, felon lui, certaines Eglifes où les Evêques & les Archevêques jouoient aux dez, à la paume, à la boule & aux autres jeux ; danfoient & fautoient avec leur Clergé, dans les Monafteres, dans les Maifons Epifcopales, & que ce divertiffement s'appelloit *la Liberté de Decembre*, à l'imitation des anciennes *Saturnales*.

CE Docteur dit enfuite, que cette coutume s'obfervoit dans l'Archevêché de Rheims & en d'autres Diocèfes confidérables. Mais ce n'étoit là que de fimples amufemens, en comparaifon des excès & des abominations qui fe commettoient ailleurs.

D. LOBINEAU parle fort au long de la Fête des Foux & du Prince des Sots, dans fon Hiftoire de Paris ( *i* ).

GUILLAUME DURAND, Evêque de Mende, raporte que le jour de Noël, immédiatement après Vêpres, les Diacres danfoient dans l'Eglife, en chantant une Antienne à l'honneur de St. Etienne ; que les Prêtres en faifoient autant le jour de St. Etienne à l'honneur de St. Jean l'Evangelifte ; les Enfans de Chœur ou les petits Clercs, le jour de St. Jean l'Evangelifte à l'honneur des Innocens ; & les Sou-diacres le jour de la Circoncifion ou de l'Epiphanie, & que ce que les Sou-diacres faifoient dans l'Eglife le jour de la Circoncifion, s'appelloit *la Fête des Foux*, ou *la Fête des Sou-diacres*. Cependant le nom de la Fête des Foux fe donnoit auffi aux réjouiffances que j'ai marquées ci-deffus.

NOUS aprenons de la Lettre circulaire que l'Univerfité de Paris écrivit aux Prélats & aux Eglifes de France en 1444., que dans le tems même de la célébration de l'Office divin, les Ecclefiaftiques y paroiffoient, les uns avec des Mafques d'une figure monftrueufe, les autres en habits de femmes, de gens infenfez ou d'hiftrions ;

trions ;

_____________

( *i* ) Hiftoire de Paris, *Tom. I. pag.* 224. & 500.

trions ; qu'ils élifoient un Evêque ou un Archevêque des Foux ;
qu'ils le revêtoient d'habits Pontificaux , lui faifoient donner la
Bénédiction à ceux qui chantoient les Leçons des Matines , & au
peuple ; qu'ils faifoient l'Office & y affiftoient en habits féculiers ;
qu'ils danfoient dans le Chœur , & y chantoient des chanfons dif-
folues ; qu'ils y mangeoient de la chair jufqu'à l'Autel , & proche
du Célébrant ; qu'ils jouoient aux dez & faifoient des encenfemens
avec la fumée de leurs vieux fouliers qu'ils bruloient ; qu'ils y
couroient & danfoient fans aucune honte ; qu'enfuite ils fe prome-
noient dans les Villes , fur les Théatres & dans des chariots à deffein de fe faire voir : & qu'enfin pour faire rire le peuple , ils faifoient des poftures indécentes , & proferoient des paroles bouffon-
nes & impies.

LE P. THÉOPHILE RAYNAUD (*k*) témoigne qu'à la Meffe
de cette abominable Fête, le jour de St. Etienne on chantoit une
*Profe de l'Ane* , qu'il a vue dans le Rituel d'une Eglife Metropo-
litaine qu'il ne nomme point , & que cette Profe s'appelloit auffi
*la Profe des Foux*. Il ajoûte encore, qu'il y en avoit une autre
que l'on chantoit à la Meffe le jour de St. Jean l'Evangelifte , laquelle on nommoit *la Profe du Bœuf*.

DANS un ancien Manufcrit de l'Eglife de Sens , on trouve
l'Office des Foux. *L'Alleluia* qui fe difoit après *Deus in adjutorium*,
étoit coupé par vingt-deux mots ainfi difpofez :

> *Alle* refonent omnes Ecclefiæ
> Cum dulci melo fymphoniæ ,
> Filium Mariæ Genitricis piæ
> Ut nos feptiformis gratiæ ,
> Repleat donis & gloriæ ,
> Unde Deo dicamus *luia.*

Après ce magnifique *Alleluia* , fuivoit une feconde annonce de la
Fête par quatre ou cinq Chantres à groffe voix , poftez derriere
l'Autel.

(*k*) Voy. *Heteroclit. Spiritual. Cæleft. & Infern.* Sect. II. punct. 3. n. 20.

l'Autel. Là ils devoient chanter en faux bourdon ( *in falso* ) fuivant l'expreffion du M S. les deux vers fuivans :

*Hæc eft clara dies clararum clara dierum ,*
*Hæc eft fefta dies feftarum fefta dierum.*

Si la Rubrique qui ordonnoit de chanter faux, étoit bien obfer-
vée, comme il n'en faut pas douter, quel effet ne devoit pas
produire une telle harmonie fur l'oreille des Auditeurs ? Les
Dyptiques qui renferment ce mémorable Cahier, font bordées de
feuilles d'argent, & garnies de deux planches d'yvoire, jaunies
par la vétufté, où l'on voit des Bacchanales, la Deeffe Cerès
dans fon Char, & Cybéle la Mère des Dieux.

On lit dans ce M S. fix vers Leonins écrits d'une main du XV
Siecle.

Feftum feftorum de confuetudine morum,
Omnibus Urbs Senonis feftivat nobilis annis,
Quo gaudet Præcentor ; tamen omnis honor
Sit Chrifto circumcifo nunc, femper & almo.
Tartara Bacchorum non pocula funt fatuorum,
Tartara Vincentes fic fiunt ut fapientes.

(*a*) Il paroît par le commencement du troifieme vers, que le
Préchantre avoit tout l'honneur ou tout le plaifir de la fête. Les
deux derniers donnent une idée de la fobrieté des Acteurs, & l'on
voit que le rafraichiffement des gofiers n'y étoit pas oublié. Il y a
un article entier intitulé : *Conductus ad poculum.*

Dom Marlot (*b*) parle fort au long de la Fête des Foux
dans fon hiftoire de Rheims. Il dit qu'il s'étoit gliffé dans prefque
toutes les Cathédrales, le jour des Innocens, une coutume louable
au commencement ; mais à laquelle fuccéderent enfuite des jeux

B

fi

(a) V. Mercure de France, *Decembre tom.* 1. 1726. *p.* 2867.
(b) V. Hiftoire de la Metropole de Rheims. *tom.* 2. *p.* 769. F. 136. du Catalogue
des M SS. de feu M. Baluze *Cod.* 942. *in* 4°. Il eft parlé d'un M S. intitulé : *Officium
ftultorum, five fatuorum ad ufum Ecclefiæ Senonenfis, cum Notis Muficis.*

fi comiques & fi bouffons, que l'on jugea à propos de l'abolir
tout-à-fait. ,, On amenoit, *dit-il*, dans le Chœur un Enfant
,, avec la Mitre, la Chape, les Gants, la Croffe & les autres
,, ornemens Epifcopaux : il donnoit la Bénédiction au peuple.
,, De l'Eglife on le conduifoit par la Ville avec des jeux & des
,, bouffonneries indécentes. DURAND fait mention de cette
,, Fête, qui commençoit après les Vêpres de Noël par une An-
,, tienne de Saint Etienne qu'annonçoit un Diacre qui préfidoit
,, à Matines, donnoit la Bénédiction à ceux qui recitoient les
,, Leçons, & à qui on accordoit quelques autres privilèges con-
,, tre la coûtume de l'Eglife. Les Diacres étoient remplacez le
,, jour de Saint Jean l'Evangelifte par les Sou-diacres, à qui fuc-
,, cédoient le jour des Innocens, les Enfans de Chœur, qui fai-
,, foient l'Office à leur tour....... Dans quelques Eglifes les
,, Sou-diacres prenoient pour cette Fête le jour de la Circonci-
,, fion, & en d'autres le jour de l'Epiphanie qu'on apelloit par
,, dérifion *la Fête des Foux.* On porta fi loin cette farce, que
,, les Ecclefiaftiques créoient tous les ans fur un Théatre dreffé à
,, la porte de l'Eglife, un Evêque des Foux, à qui l'on prépa-
,, roit un feftin ridicule, après l'avoir accompagné à grand bruit,
,, & indécemment par la Ville. Coûtume qui fut abolie par Ar-
,, reft du Parlement de Paris, à la priére du Doyen & du Cha-
,, pître.
,, A Rheims, l'Evêque des Foux, le Maître des Enfans de
,, Chœur, & les Enfans demandoient au Chapitre la permiffion
,, de faire ces fortes de fêtes. On la leur accorda par délibera-
,, tion de l'an 1479. Le Chapitre fe chargeoit des frais du fef-
,, tin, à condition que les Cérémonies fe feroient fans farce, fans
,, bruit d'Inftrumens, & fans cavalcade par la Ville.... A la Re-
,, quefte de *Pierre Remy*, Grand Archidiacre, il fut fait défen-
,, fe aux enfans de porter la Mitre, la Croffe & les autres orne-
,, mens Epifcopaux, fuivant la Pragmatique Sanction renouvellée
,, au Concile de Bâle, Seffion 21. qui ordonne que ces fortes de
,, bouffonneries & de jeux comiques, qui fe faifoient le jour des
,, Innocens, foient abolies dans l'Eglife. "

Dans

DANS le Dictionnaire des Arrêts, (*a*) il est dit que c'est un usage très ancien dans l'Eglise de Noyon, que tout l'office du jour des Saints Innocens, soit chanté par les enfans de Chœur, à qui les Dignités mêmes cédent leurs places. LE VASSEUR, Doyen de Noyon, traite cette matiére dans sa 78e. Lettre de la 2e. *Centurie*, & appuye cette coûtume.

ON trouve dans un Livre curieux, (*b*) que *Gerson* se plaignoit d'un Docteur qui soutenoit autrefois publiquement à Auxerre, que la Fête des Foux, si fort en vogue pour lors, n'étoit pas moins aprouvée de Dieu, que la fête de la Conception de Notre Dame.

L'AUTEUR ajoute qu'il y avoit anciennement en ces jours ( vers *l'Epiphanie* ) beaucoup de mauvaises coûtumes parmi les Chrêtiens, comme étoit la Fête des Foux, que *Jean Beleth*, Docteur de Paris, apelle la fête des Sou-diacres, qui se trouve abrogée par une Ordonnance expresse de la Pragmatique Sanction. Que si l'on est en peine de savoir comment & pourquoi un Jeûne si bien fondé ( de la Veille des Rois) s'est anéanti de la sorte, il trouve que ce Jeûne est tombé par raport à la Fête des Foux : car cette fête, ajoute-t-il, est bien la chose la plus étrange & la plus incroyable de nôtre Histoire Ecclésiastique dans le milieu des Siécles, & il ne faut pas s'étonner qu'ayant duré près de quatre cens ans (*c*) elle ait étouffé le Jeûne de l'Epiphanie.

„ ENFIN, poursuit l'Auteur, qu'on ait vû il n'y a pas plus de „ deux cens ans toutes les Eglises des * Nations Gallicane & Ger-„ manique, célébrer à ce jour, & durant l'octave des Rois la Fête des Foux : qu'on ait pris la peine de la marquer de ce nom dans

B 2

les

---

[*a*] Par BRILLON, Article *Noyon*, Edition de 1727.

[*b*] V. *la Préface* des Traités singuliers & nouveaux contre le Paganisme du Roy boit.

[*c*] L'Auteur se trompe évidemment : il est aisé de voir par ce que nous avons déja dit, & par ce que nous dirons dans la suite, en citant les Conciles qui ont condamné cette fête, qu'elle a duré beaucoup plus long-tems que ne la cru DESLYONS.

* C'est une exagération outrée à laquelle l'Auteur est fort sujet, ainsi que M. Thiers, comme je pourai le prouver un jour.

„ les livres des Offices Divins ( *festum fatuorum in Epiphania & ejus*
„ *octavis* ) que cela ait duré trois ou quatre cens ans, ce n'a été
„ pourtant qu'un abus de quelques Eglifes particulieres, & ce fe-
„ roit mal raifonner de conclure que ces folies payennes ont été
„ fanctifiées par la Religion Chrétienne. Mais encore quelles fo-
„ lies ? telles en vérité, quelles feroient incroyables, fi nous n'a-
„ vions les Evêques & les Docteurs de ce tems-là pour témoins,
„ qui difent que c'étoient d'horribles abominations, des actions hon-
„ teufes & criminelles, mêlées par une infinité de folaftreries &
„ d'infolences, car il vray que fi tous les Diables de l'Enfer avoient
„ à fonder une Fête dans nos Eglifes, ils ne pourroient pas ordon-
„ ner autrement, que ce qui fe faifoit alors. "

CETTE coûtume s'obfervoit encore, felon le Pere PERRY,
Jéfuite (*a*) à Châlon-fur-Saône, du tems de *Cyrus de Thiard*,
Evêque de cette Ville, qui l'abolit fuivant le témoignage de cet
Auteur dont voici les paroles : „ La Veille.... du jour des Innocens,
„ les Enfans de Chœur élifoient parmi eux un Evêque , & lui ren-
„ doient autant qu'il en pouvoit être capable, les honneurs & les
„ refpects qui font dûs à un véritable Evêque. La chofe étoit affés
„ ridicule : ce bel Evêque fe plaçoit dans le Siége Epifcopal durant
„ l'office de ce jour-là, & avoit autour de lui fes Officiers. Les
„ Chanoines leur quittoient leurs places, & faifoient dans le Chœur
„ toutes les fonctions qui font deftinées à ces Enfans. On fonnoit
„ les Cloches en quarrillon, & d'abord que le dernier coup des
„ Vêpres & de la Meffe étoit fonné, les Enfans de Chœur al-
„ loient querir en Proceffion l'Evêque en la Maifon de la Maîtri-
„ fe : ils l'amenoient dans l'Eglife avec la même cérémonie. Cer-
„ tainement c'étoit une efpéce de Jonglerie qui n'aprêtoit qu'à ri-
„ re.....

„ IL fuprima encore ( *Cyrus de Thiard* ) une autre coutume
„ qu'une fondation fort ancienne pouvoit en quelque façon excu-
„ fer, & l'avoit renduë tolérable. Les Complies de la Pentecô-
„ te étant finies, le Doyen, les Chanoines, & les habituez fortoient

(*a*) V. Hiftoire de la Ville de Châlon p. 435. & fuiv.

,, toient de l'Eglise en procession, & venoient dans le petit Cloî-
,, tre : il y a au milieu du Preau un Dôme, & au dedans une
,, masse de pierre taillée en rond, & des Images aussi de pierre à
,, l'entour. La Procession y étant arrivée, tous se prenoient l'un
,, après l'autre par le bout de leurs surplis, & en chantant quel-
,, ques Repons de la fête de la Descente du Saint Esprit sur les
,, Apôtres, ils faisoient quelques tours en rond à l'entour de ce
,, Dôme, & bien qu'on n'y fit rien qui ne fut dans la bienseance
,, & dans la modestie, & qui ne fut institué à bon dessein, toutes
,, fois, parce que le peuple apelloit cette Cérémonie, la danse
,, des Chanoines, l'Evêque *Cyrus de Thiard*, & le Chapitre, ju-
,, gerent de concert qu'il falloit abolir cette Coûtume. ''

DANS le Régistre de 1494. de l'Eglise Saint Etienne de Dijon,
on lit, qu'à la Fête des Foux on faisoit une espèce de farce sur un
Théatre devant cette Eglise, où on rasoit la barbe au Préchantre
des foux, & qu'on y disoit plusieurs sotises. Dans les Régistres de
1621. *ibidem*, on voit que les Vicaires couroient par les rües,
avec fifres, tambours, & autres instrumens, & portoient des lan-
ternes devant le Préchantre des Foux.

ON lit dans une Lettre curieuse inférée au Mercure de France
*(a)* que le jour de St. Barnabé, les Chanoines de Lisieux font
une Cavalcade Eccléfiastique en l'honneur de St. Ursin, semblab-
le à celle qui se fait à Autun le 31. Aoust, & qu'ensuite à l'i-
mitation de ces Paranymphes Eccléfiastiques, les Seculiers avoient
aussi fait les leurs féparement & dans un goût différent ; il n'y avoit
pas, ajoute-t-on, jusqu'en certains Chapitres de Cathédrales de
France, qui n'eussent un Abbé qu'on apelloit l'Abbé des Foux.
L'Auteur de cette Lettre dit qu'il connoit un de ces Chapitres *(b)* où la coutume étoit l'avant dernier Siécle d'en faire so-

B 3

lem-

---

(*a*) V. Mercure de France, Juillet 1725. p. 1593.

(*b*) Il y a, dit-on, à Rhodez un Abbé qu'on apelle *l'Abbé de la malgouverne*, ,qui est un reste de la Fête des Foux. Il y avoit aussi à Viviers un Abbé du Clergé qu'on établissoit avec les Cérémonies les plus ridicules, dont il est parlé dans le 7e. tom. des Mémoires de l'Academie des Belles Lettres p. 255 Voy. aussi le Mercure de France, Décembre 1737. tom. 2. p. 2815.

lemnellement l'Election le 18. Juillet de chaque année, & cela
fous un gros Orme qui donnoit un épais ombrage, devant le grand
Portail de la Cathédrale. On plaçoit en cet endroit des bancs,
des tapis, une table du Bureau. Tous Meſſieurs du Chapitre y
aſſiſtoient, & même le bas Chœur, & là à la pluralité des voix,
on éliſoit un Abbé que de vieux titres apellent *Abbas Stultorum*.
Les folies que cet Abbé eſtoit chargé de reformer, n'étoient que
certaines ridiculitez groſſieres qui peuvent quelquefois arriver par
abſtraction ou inadvertance, comme ſi un Chanoine paroiſſoit au
Chœur avec un habit pour un autre, ou s'il oublioit de s'habiller
entierement, avant que d'entrer à l'Office, & ainſi des autres indécences....... Il y avoit une autre fête, eſt-il ajouté dans cette
Lettre, en pluſieurs célébres Egliſes de nos Cantons, qu'on apelloit
la fête de l'Ane. On voit dans le Gloſſaire de Du Cange, *Voce*
*feſtume* un détail de tout ce qu'on y chantoit dans l'Egliſe de Roüen,
& de tous les dialogues qu'on y faiſoit. On en trouve une autre deſcription dans la Bibliotheque du Roy, parmi les MSS.
qui viennent de *Mr. Baluze*, & même avec le chant des paroles
qui animoient la cérémonie. Voici quatre Vers que l'on chantoit
d'abord à la porte de l'Egliſe de Sens :

> Lux hodiè, Lux lætitiæ, me judice, triſtis
> Quiſquis erit, removendus erit ſolemnibus iſtis.
> Sint hodiè procul invidiæ, procul omnia mæſta;
> Læta volunt, quicumque colunt Aſinaria feſta.

Mais rien ne doit être plus curieux là-deſſus que la Note de ce
qui ſe diſoit enſuite en entrant dans l'Egliſe, avec cet Ane honoré d'une Chape qu'on lui mettoit ſur le dos.

Voici la Rubrique, *Conductus ad Tabulam* : ſuivent les paroles : *(a)*

Orien-

_______________

(a) Dans le ſecond Régiſtre de l'Egliſe Cathédrale d'Autun du ſecretaire *Rotarii* qui
commence en 1411. & finit en 1416 il ſe voit qu'à la fête des foux, *folorum*, on con-
duiſoit un Ane, & que l'on chantoit, Hi, hin, Au, hé, hé, & que pluſieurs alloient à
l'Egliſe deguiſez & avec des habits groſſiers, ce qui fut alors aboli & abrogé.

Orientis partibus
Adventavit afinus
Pulcher & fortiffimus
Sarcinis aptiffimus,
Hé, fire Ane, hé. (b)

Hic in collibus ficfen
Enutritus fub Ruben,
Tranfiit per jordanem,
Salut in Bethleem.
Hé, fire Ane, hé.

Saltu vincit hinnulos
Dagmas (c) & capreolos,
Super Dromedarios
Velox Madianeos.
Hé, fire Ane, hé.

Aurum de Arabia,
Thus & Myrrham de Saba
Tulit in Ecclefia
Virtus Afinaria.
Hé, fire Ane, hé,

Dum trahit vehicula
Multâ cum farcinulâ
Illius mandibula
Dura terit pabula
Hé, fire Ane, hé.

Cum ariftis hordeum
Comedit & carduum,
Triticum à palea
Segregat in area;
Hé, fire Ane, hé,

Amen

(b) C'étoit là apparemment comme le refrein.
[c] C'eft *Damas*.

Amen dicas, Afine,
Jam fatur ex gramine,
Amen, Amen itera,
Afpernare vetera,
Hé, fire Ane, hé.

Lectâ tabulâ, incipit Sacerdos, Deus in adjutorium noftrùm intende laborantium, &c.

On voit encore dans le Mercure de France, une Lettre digne d'être raportée ici *(a)*. Le premier jour de Mai, y eft-il-dit, le Chapitre *(* d'Evreux*) (b)* avoit coûtume d'aller dans le bois-l'Evêque qui eft fort près de la Ville, couper des rameaux & de petites branches, pour en parer les Images des Saints qui font dans les Chapelles de la Cathédrale. Les Chanoines firent d'abord cette cérémonie en perfonnes; mais dans la fuite ne croyant pas devoir s'abaiffer jufqu'à aller couper eux-mêmes ces branches, ils y envoyerent leurs Clercs de Chœur; enfuite tous les Chapelains de la Cathédrale s'y joignirent, en conféquence des fondations poftérieures qui fe rencontrent ce jour-là, où il y a une affés bonne diftribution. Enfin les hauts Vicaires, *Vicarii capitulantes de alta fede*, y trouvant leurs avantages, auffi-bien que la Communauté des Chapelains, ne dédaignerent point de fe trouver à cette finguliere Proceffion, nommée la *Proceffion noire.*

Les Clercs de Chœur qui regarderent cette commiffion, comme une partie de plaifir, fortoient de la Cathédrale, deux à deux, en foutane & en bonnets quarrez, précédez des Enfans de Chœur, des Appariteurs ou Bedeaux, & des autres ferviteurs de l'Eglife, chacun avec une ferpe à la main, & alloient coûper ces branches qu'ils raportoient eux mêmes, ou faifoient raporter par la populace, qui fe faifoit un plaifir & un honneur de leur rendre ce fervice, en les couvrant dans la marche d'une épaiffe verdure : ce qui dans le lointain faifoit l'effet d'une forêt ambulante.

Un

[a] Avril 1726. p. 694. & fuiv. datée du 1. jour de Mai.
(b) V. Supplement au Dictionnaire de Moreri au mot *Conards* Tom. 2. pag 308.

UN autre abus s'introduifit peu après : c'étoit de fonner toutes les cloches de la Cathédrale , pour faire connoître à toute la Ville que la cérémonie des Branches & celle du Mai étoient ouvertes ; & cet abus augmenta fi fort dans la fuite des tems, qu'il fit caffer des cloches, bleffer, & tuer même quelques fonneurs ; rompre, brifer, & démolir quelque chofe d'effentiel aux Clochers. L'Evêque y voulut mettre ordre : il défendit cette fonnerie , & ce qui l'accompagnoit ; mais les Clercs de Chœur mépriferent fes deffenfes ; ils firent fortir de l'Eglife les fonneurs , qui pour la garder y avoient leurs logemens : ils s'emparerent des portes & des Clés pendant les quatre jours de la Cérémonie, fe rendirent enfin Maîtres de tout, fonnerent eux-mêmes à toute outrance , & ne devinrent, pour ainfi dire, raifonnables que le matin du dixieme jour de Mai : ils poufferent même l'infolence, jufqu'à pendre par les aiffelles aux fenêtres d'un des clochers, deux Chanoines qui y étoient montez de la part du Chapitre, pour s'oppofer à ce déreglement............. On trouve dans des Actes authentiques & originaux, les noms des deux Chanoines à qui on fit cet affront : L'un étoit *Jean Manfel*, Treforier de la Cathédrale, du tems de HENRI II, Roi d'Angleterre & de Normandie, qui eft qualifié (dans les Archives du Chapitre) Confeiller de ce Prince. Il étoit de la maifon des Manfels, Seigneurs d'Erdinton en Angleterre, *&c.* L'autre étoit *Gautier Dentelin* , Chanoine, qui devint auffi Treforier après la mort de *Manfel* en 1206.

LA Proceffion Noire faifoit au retour mille extravagances , comme de jetter du fon dans les yeux des paffans, de faire fauter les uns par deffus un balay , de faire danfer les autres. On fe fervit enfuite de Mafques, & cette fête à Evreux, fit partie de la Fête des Foux, & des Soudiacres, *Saturorum Diaconorum.*

LES Clercs de Chœur revenus dans l'Eglife Cathédrale, fe rendoient Maîtres des hautes Chaires, & en chaffoient pour ainfi dire les Chanoines : les enfans de Chœur portoient la Chappe, ils faifoient l'Office entier depuis None du 28 Avril jufqu'à Vêpres

C

du

du premier jour de Mai, pendant lequel tems toute l'Eglife étoit ornée de branchages & de verdures.

PENDANT l'intervalle de l'Office de ces jours-là, les Chanoines joüoient aux Quilles fur les voutes de l'Eglife : *Ludunt ad quillas fuper voltas Ecclefiæ,* difent les tîtres de ce tems-là : ils y faifoient des repréfentations, des danfes & des concerts. *Faciunt podia, Choreas & Choros ;* & ils recommençoient à cette fête, toutes les folies ufitées aux fêtes de Noël, & de la Circoncifion. *Et reliqua ficut in Natalibus.*

AU RESTE, cette Cérémonie de mettre ainfi des rameaux autour des Statuës des Saints, paffa de l'Eglife Cathédrale dans celles des Paroiffes de la Ville, à toutes les fêtes des Patrons, & fur-tout aux fêtes des Confrairies.

VOILA jufqu'où l'on a pouffé une extravagante liberté. Mais ce n'eft pour ainfi dire, encore rien, au prix de ce que je vais ajouter. Les chofes étant en l'état que je viens de dire, un Chanoine Diacre, nommé *Bouteille,* qui vivoit vers l'an 1270. s'avifa de faire une fondation d'un *obit,* directement le 28. d'Avril, jour auquel on commençoit la fête en queftion : il attacha à cet obit une forte de rétribution pour les Chanoines, Hauts Vicaires, Chapelains, Clercs, Enfans de Chœur, &c. Et ce qui eft de plus fingulier, il ordonna qu'on étendroit fur le pavé, au milieu du Chœur, pendant l'obit un drap mortuaire, aux quatre coins duquel on mettroit quatre bouteilles pleines de vin, & une cinquieme au milieu, le tout au profit des Chantres qui auroient affifté à ce fervice.

CETTE fondation du Chanoine Bouteille, a fait apeller dans la fuite le Bois-l'Evèque où la Proceffion Noire alloit couper fes branches, *le Bois de la Bouteille,* & cela parce que par une Tranfaction faite entre l'Evèque & le Chapitre, pour éviter le dégât & la deftruction de ce Bois, l'Evèque s'obligea de faire coûper

par

par un de ſes gardes autant de branches qu'il y auroit de perſonnes à la Procceſſion , & de les leur faire diſtribuer à l'endroit d'u-
ne Croix qui étoit proche du bois.

ON ne chantoit rien durant cette diſtribution , mais on ne ſe
diſpenſoit pas de boire , comme on dit..... en Chantre & en Son-
neur. On ne mangeoit que certaines Galettes apellées *Caſſe-gueul-
les* ou *Caſſe-muſeaux*, à cauſe que celui qui les ſervoit aux autres,
les leur jettoit au viſage d'une maniére groteſque.

LE garde de l'Evêque , chargé de la diſtribution des rameaux,
étoit obligé avant toutes choſes, de faire près la Croix dont j'ai
parlé , deux figures de bouteilles qu'il creuſoit ſur la terre , rem-
pliſſant les creux de ſable , en mémoire & à l'imitation du Chanoine Bouteille , qui , comme je viens de dire , a donné ſon nom au
Bois qui fourniſſoit les Branches.

MAIS ce n'étoit pas ſeulement dans les Cathédrales & dans les
Collegiales que ſe faiſoit la Fête des Foux [a] cette impiété paſſoit
juſques dans les Monaſteres des Moines & des Religieuſes. Nous
aprenons de la plainte que *Naudé* [b] écrivit à Gaſſendi en 1645.
ſur les coûtumes abuſives qui ſe pratiquent à Aix , le jour de la Fête-Dieu à la Proceſſion du ſaint Sacrement, qu'en certains Monaſteres de Provence on célébre la fête des Innocens avec des Cérémonies auſſi impertinentes & auſſi folles , qu'on faiſoit autrefois
les ſolemnités des faux Dieux. L'Exemple qu'il en donne en fait
foi [c]. Jamais , dit-il , les Payens n'ont ſolemniſé avec tant
d'extravagance leurs fêtes pleines de ſuperſtitions & d'erreurs ,
que l'on ſolemniſe la fête des Innocens à Antibes chez les Corde-

C 2

liers

_______________________

[a] Cet abus ſe voïoit peut-être encore en Angleterre vers l'an 1530. car dans un
Inventaire des ornemens de l'Egliſe d'Yorck , fait en ce tems-là , il eſt parlé d'une petite Mitre , & d'un Anneau pour l'Evêque des Foux.

(b) P. 54.

(c) Ce n'eſt point *Naudé* , mais *Neuré* , comme nous le dirons ci-après.

liers [*d*] : Ni les Religieux Prêtres, ni les Gardiens, ne vont point au Chœur ce jour-là. Les freres Laïcs, les Freres-Coupe-chou, qui vont à la quefte, ceux qui travaillent à la Cuifine, les Marmitons, ceux qui font le Jardin, occupent leurs places dans l'Eglife, & difent qu'ils font l'office convenable à une telle fête, lors qu'ils font les foux & les furieux, & qu'ils le font en effet. Ils fe revêtent d'ornemens facerdotaux, mais tous déchirés s'ils en trouvent, & tournez à l'envers. Ils tiennent dans leurs mains des livres renverfez & à rebours, où ils font femblant de lire avec des lunettes dont ils ont oté le verre, & auxquelles ils ont agencé des écorces d'orange, ce qui les rend fi difformes, & fi épouvantables, qu'il faut l'avoir vû pour le croire, fur-tout après qu'ayant foufflé dans les encenfoirs qu'ils tiennent en leurs mains, & qu'ils remuent par dérifion, ils fe font fait voler de la cendre au vifage, & s'en font couvert la tête les uns des autres. Dans cet équipage ils ne chantent ni des Hymnes, ni des Pfeaumes, ni des Meffes à l'ordinaire ; mais ils marmotent certains mots confus, & pouffent des cris auffi foux, auffi desagréables & auffi difcordans, que ceux d'une troupe de pourceaux qui grondent ; de forte que les bêtes brutes ne feroient pas moins bien qu'eux l'office de ce jour. Car il vaudroit mieux, en effet, amener des bêtes brutes dans les Eglifes, pour loüer leur Créateur à leur maniére, & ce feroit affurément une plus fainte pratique d'en ufer ainfi, que d'y fouffrir ces fortes de gens, qui fe moquant de Dieu, en voulant chanter fes loüanges, font plus foux eft plus infenfez que les animaux les plus infenfez & les plus foux.

J'avois tiré ce que je viens de dire, de la Ville d'Antibes, d'un ouvrage d'un habile Auteur ( *e* ) & je n'avois pû trouver cette
plainte

( *d* ) Le P. Menetrier pag. 4. de la Préface de fes *Ballets Anciens & Modernes*, dit, qu'*il a vû en quelques Eglifes le jour de Pâques, les Chanoines prendre par la main les Enfans de Chœur, & en chantant des hymnes de rejouiffance, danfer dans l'Eglife ; pour ne rien dire des coûtumes fcandaleufes que la fimplicité avoit introduites il y a deux ou trois fiècles & que le libertinage a tellement corompuës, qu'il a fallu des Loix févéres pour les abolir, & autant de zéle & d'aplication, que la plus part de nos Prélats en ont eû, pour bannir de leurs Diocefes des abus fi dangereux.*

( *e* ) Traité des Jeux & des divertiffemens, par Thiers p. 449. & 450. Thiers n'avoit garde
d'exa-

plainte à *Gaſſendi*, quelque peine que j'euſſe priſe à la chercher. J'avois donc été obligé de m'en raporter au témoignage & aux paroles de *Mr. Thiers*, lorſque parcourant ſur la fin de l'année derniere le Mercure de Septembre 1738. je tombai ſur une curieuſe lettre de *Mr. de la Roque* à Mr. l'Abbé *Lebeuf* (*b*) où l'Auteur rectifie pluſieurs circonſtances de ce fait, qui ſont fauſſes ou mal détaillées. J'y aprends donc premiérement, que ce n'eſt pas *Naudé* ( comme l'a crû *Thiers*, lequel avoit cependant cette piece entre les mains ) qui écrivit cette lettre à *Gaſſendi*; mais *Mathurin de Neuré*, de Chinon en Touraine, lequel avoit été Chartreux. C'eſtoit, dit l'Hiſtorien de *Gaſſendi* (*c*), un homme de mérite, Philoſophe, Aſtronome, & Sectateur zèlé de *Gaſſendi*, qui l'avoit fait placer chez *François Bochart* de Champigny, Intendant de Provence, en qualité de Précepteur de ſes Enfans, vers l'an 1643. Je crois ne pouvoir mieux faire que de citer ici les propres paroles de *Mr. de la Roque*, mieux inſtruit & plus exact ſur ce ſujet que *Mr. Thiers*. Voici comme il s'explique à *Mr. Lebeuf* [*d*].

Vous m'avez ſouvent parlé Mr. d'une Piece curieuſe & rare qui accuſe les Provençaux de mêler dans le culte Religieux pluſieurs actes qui ſentent la ſuperſtition & le Paganiſme. Vous n'avez jamais vû cette Piece; je ne l'avois jamais vue, lors que vous m'en avez parlé; mais vôtre curioſité a excité la mienne. Je n'ai jamais pû la tirer de la Province où elle a été compoſée & imprimée, elle y eſt auſſi rare qu'ailleurs. Par bonheur, elle s'eſt trouvée ici dans le Cabinet d'un Curieux de Paris qui a bien voulu me la communiquer. Vous verrés que je l'ai lue avec attention par le compte ſommaire que je vais vous en rendre, & par le Jugement que je prends la liberté d'en porter. Au reſte, ce compte ſeroit imparfait, ſi depuis que j'ai fait cette lecture, je n'avois

C 3

auſſi

---

d'examiner la vérité de ce fait; ſa critique ordinaire l'abandonnoit, lorſqu'il trouvoit matiére à cenſure.

( *b* ) V. Mercure de Septembre 1738. p. 1965. & ſeqq.
( *c* ) Le R. P. *Bougerel* de l'Oratoire.
( *d* ) Pag. 1970. *ibid.*

auſſi lû la Vie de Gaſſendi, nouvellement imprimée, Ouvrage auſſi agréable à lire, qu'inſtructif, dans lequel j'ai puiſé quelques circonſtances qu'il eſt bon de ne pas ignorer par raport à cette Piece ; en voici d'abord le Titre :

QUERELA AD GASSENDUM, *de parum Chriſ-tianis Provincialium ſuorum Ritibus, nimiùmque ſanis eorumdem mo-ribus : ex occaſione Ludicrorum, qua Aquis-ſextiis in ſolemnitate cor-poris Chriſti ridiculè celebrantur.* Brochure in 4°. de 61. pages, ſans nom d'Auteur, ni de lieu d'Impreſſion ; mais ſeulement l'année qui eſt 1645.

C'EST une invective véhémente & continuelle contre certaines pratiques de Religion, que l'Auteur reproche aux Provençaux, & en particulier, contre ce qui ſe paſſe à Aix le jour de la fête Dieu, lors de la Proceſſion ſolemnelle du St. Sacrement, à laquelle le Parlement & les autres Corps de la Ville aſſiſtent.

QUOIQUE cet Auteur puiſſe avoir raiſon dans le fond, je crois qu'il a outré les choſes ; il nous les peint avec des couleurs affreu-ſes ; ſon ſtyle même, & ſa latinité, qui eſt toute de fer, & fort aprochante de celle de Tertulien, rendent ces images encore plus noires. Je n'ai point envie de faire un extrait ſuivi de cette Pie-ce, de quelque rareté qu'elle puiſſe être. Je me contenterai d'en raporter quelques traits des plus ſinguliers.

LE Portrait de Judas, qu'un homme choiſi repréſente dans cet-te proceſſion, eſt tracé en ces termes, *pag.* 42. *Nec prætermiſſus ipſe Judas marſupii ſollicitus cuſtos. Perquam graphicè illic quoque ſuſtinebat ejus perſonam valentiſſimus Ruſticanus, truci vultu, elato ſupercilio, torro aſpectu, flammantibus oculis, frendenti ore, greſſu precipiti, geſtu feroci, aliiſque multis truculentiæ ſignis, quibus ſe quan-doque prodit nefarie ſubdola proditorum indoles.*

SUIVENT dans la même page les 4 Evangeliſtes de la Proceſ-ſion. *At nihil æquè deforme fuit, ac enormis Evangeliſtarum qua-*
*ternio,*

*ternio , ob Larvarum terrificas facies : unus enim prægrandi roſtro ; aduncis unguibus , & plumarum tegmine , in Jovis Alitem deforma- batur : alter immani rictu , denſâ jubâ , & villoſâ pelle , in Nemæ- am feram : tertius cornutâ facie , crudo tergore , & longis paleari- bus in Apim. Poſtremus , non ab hominis quidem ſpecie recedebat ; ſed alatos tantum habens armos Calaim aut Zetem referebat.*

A la page 53. il exerce ſa ſatire ſur ce qui ſe pratiquoit auſſi à la fête de Noël, où l'on mêloit, dit-il, des chanſons prophanes aux Cantiques de l'Egliſe. Il prétend, par exemple, qu'on mettoit le *Magnificat* ſur le ton d'une impertinente Chanſon, dont voici le refrain, qui eſt noté dans l'imprimé :

> Que ne vous requinquez-vous , Vieille,
> Que ne vous requinquez-vous donc ?

A la page ſuivante, il décrit dans le même ſtyle ce qui ſe paſ- ſoit, ſelon lui, dans l'Egliſe des Cordeliers de la Ville d'Antibes. Voici ſon narré.

„ Nam Antipoli apud Franciſcanos hæc ſolemnia ſic procuran-
„ tur ; ut nunquam cæca Gentilitas ſtultis ſuperſtitionis ſuæ errori-
„ bus, parem exhibuerit dementiam. Choro cedunt omnes The-
„ rapeutæ Sacerdotes, & ipſe Archimandrita ; in quorum omnium
„ locos ſufficiuntur Cœnobii mediaſtini viles, quorum aliis manticæ
„ explendæ cura eſt, aliis culina, aliis hortus colendus : Fratres
„ Laïcos vocant, qui tunc occupatis hinc & inde Initiatorum ac
„ Myſtarum ſedibus, ſacra ſe facere congruo ſolemnitati ritu dicunt,
„ myſticâ dum inſaniâ furere ſimulant ; nimium verâ interim reap-
„ ſe furentes : Sacerdotalibus nempe induuntur veſtibus, ſed lace-
„ ris, ſi quæ ſuppetant, ac præpoſtere aptalis, inverſiſque ; in-
„ verſos etiam tenent libros in quibus ſe fingunt legere, appenſis
„ ad naſum perſpicillis, quibus detractum vitrum , ejuſque loco
„ mali aurati putamen inſertum : quod monſtri, quantæ ſit defor-
„ mitatis, quantumque turpitudinis vultibus conciliet, perpende-
„ re

„ re nequit rei fœditatem qui nunquam afpexit ; fed maxime poft-
„ quam Thuricremi fanniones in cujufque faciem cineres exfufflarunt,
„ & favillas ex acerris , quas per ludibrium temerè jactantes ,
„ ftolidis quandoque capitibus affundunt : Sic autem inftructi non
„ hymnos , non Pfalmos , non liturgias de more concinunt , fed con-
„ fufa ac inarticulata verba demurmurant , infanasque prorfus vo-
„ ciferationes derudunt , adeò ut citatò magis divinum credam hu-
„ jus fefti officium ab ipfis perfolvi poffe pecoribus. Nam fatius
„ effet & profectò fanctius , beftias & pecora Deo in templis fifte-
„ re , quæ fuo pro modulo conditorem laudarent , quam homines
„ ejufmodi inducere , qui in laudando per derídiculum Deo , ju-
„ mentis infipientibus infipientiores fiant , & brutorum amentiam
„ hac tam abominandâ infaniâ fuperent.

D A N s cette penfée qu'il vaudroit mieux introduire dans le Temple de Dieu de véritables bêtes , qui au moins loüeroient leur Créateur à leur maniére , que des hommes tels qu'il vient de les repréfenter ; l'Auteur paffe d'Antibes à Marfeille , & déclame en ces
termes contre ce qui fe pratiquoit , dit-il , alors dans cette Ville
à l'occafion des fêtes de St. Éloy & de St. Lazare , *pages* 55. *&*
*56.*

„ E T nefcio num huic fententiæ Maffilienfes fuffragari velint ,
„ dum in quodam fuæ Civitatis fefto univerfa pecora congregant ;
„ cunctaque armenta , Equos , Mulos , Burdones , Afinos , Bo-
„ ves , pecudes , in folemni fupplicationum pompa religioffimè cir-
„ cumducunt : fortè mavult nunc Chriftiana urbs Divorum fuorum
„ cultum per pecora operari , quam per Hiftriones ; quorum olim ,
„ etiam tum Ethnica , impatientiffima fuit , fi verè fcripfit [ a ] Eth-
„ nicus : *Maffilia feveritatis Cuftos acerrima eft , nullum aditum in*
„ *fcenam mimis dando.* Proh pudor ! in Templum fi nunc daret ,
„ eam edocta Religionem , cui omne mimicum , flagitium eft : at-
„ tamen non penitus abftinuit ; quandoquidem in fefto Divi fui
„ Lazari prope fcenicas agitet Choreas , ftaticulorum varietate ac
„ mul-

(a) V A L E R. M A x. *L.* I I. *C. VI.* rend ce témoignage aux anciens Marfeillois de n'a-
voir jamais voulu fouffrir dans leur Ville aucun genre de Comédiens.

,, multitudine per infignes : conveniunt enim oppidani omnes, fal-
,, tem quotis quibufque cordi eft feftivitatis lætitiam ritè celebrare :
,, & ridicule perfonati omnes, tam viri quam fœminæ, ridiculos
,, inftaurant Choros ; Satyrorum diceres Nympharumque promifcuè
,, lafcivientium.    Alter alteri manum præbet, ac mutuis conferta-
,, tarum manuum hærentes nexibus, totam civitatem ad lyras &
,, tibias faltando perambulant.    Et quoniam perpetuâ ferie, inque
,, multiplices reducta finus, longiffimos viarum tractus, obliquos
,, vicorum flexus, & anfractuofos regionum meatus pervadunt nu-
,, merofiter, hoc ipfum vulgo [a] *magnum* vocant *Tripudium*. Cur
,, autem in honorem fancti Lazari inftitutum, Myfterium fanè eft,
,, quod audire aut ariolari fas mihi nunquam fuit ; ficut nec longè
,, plurimarum, quibus hæc Provincia fcatet, Næniarum, quibus
,, re ita addicti ita deroti populi funt, ut de earum fuperftitione,
,, fiqui equam, vel tantillùm remittatur, grande piaculum illico du-
,, cant, quod nunquam non maximâ fuâ labe, furgumque & an-
,, nonæ dilapidatione, expiari folitum fit...........

P E N D A N T fon féjour à Aix, il avoit été fcandalifé avec raifon, dit le même hiftorien [ le P. Bougerel ] de ce qu'il avoit
vû le jour de la Fête-Dieu à la Proceffion. Se livrant à fon zèle,
il écrivit une invective contre les Provençaux [b].

L o r s que *Neuré* vit la procceffion, il y avoit tant de chofes à reformer continue le même Auteur, qu'on ne pouvoit affés
fe recrier &c.    Dans la fuite, le Cardinal *Grimaldy* Archevêque
d'Aix, vint à bout de faire abolir une partie de ce qui parut de
plus prophane.... La Proceffion fubfifte encore, avec une partie
des Etabliffemens du Roi R e n e'. La piéce parut d'abord en 1643.
Elle fut réimprimée en 1648. à Geneve.    Nous n'avons pas la
Réponfe de *Gaffendi*.

D

V o i l a ,

(a) Le grand branle.
(b) R e n e', Roi de Naples & de Sicile, Comte de Provence, Inftituteur de cette proceffion, fit, non feulement des fondations confidérables pour fournir aux principales dépenfes ; mais il voulut régler lui-même jufqu'au moindre détail.

VOILA, *Monſieur*, ce que nous aprend l'Auteur de la vie de *Gaſſendi*, au ſujet de *Neuré* & de ſon invective contre la proceſſion d'Aix &c. J'ai apris depuis, que la Piece de *Neuré*, dont je viens de parler, a été miſe en vers Provençaux par *René Gaillard Sr. de Chaudon*, & que *M. Blacas*, Prieur Curé de Ventabren, a l'Original de cette traduction.

AU RESTE, *Monſieur*, je continue d'aſſurer, que quoique *Neuré* puiſſe avoir eu quelque raiſon dans le fond, comme je l'ai déja dit, il a cependant outré les choſes en pluſieurs endroits de ſa Déclamation. Par exemple, preſque tout ce qu'il dit à l'occaſion des Fêtes de S. Eloy & de S. Lazare, d'une maniere aſſez véhémente, porte à faux, faute d'avoir été bien inſtruit, ou par la démangeaiſon d'écrire & de peindre les choſes avec des couleurs noires. Ce *magnum Tripudium* [ *c* ] & ces autres danſes dont il parle, à l'occaſion de la Fête de S. Lazare, étoient tout autre choſe que ce qu'il prétend, & ce n'étoit pas le jour de la Fête, qu'elles ſe faiſoient. Liſez là-deſſus ce qu'a écrit l'Hiſtorien de Marſeille, à l'occaſion *du Guet de S. Lazare*, inſtitué pour la ſûreté de la Ville &c. Liv. XIV. Ch. VI. *pag. 399. & ſuiv.* Voyez auſſi *l'Explication des Uſages & Coutumes des Marſeillois* &c. de MARCHETTI, *Dialogue IX. pag.* 150, 151, 152. où après avoir parlé du même *Guet de S. Lazare*, il parle auſſi de la Fête de St. Eloy, célébrée par la Confrairie des Muletiers, &c. Dans l'un & dans l'autre Auteur, vous ne trouverez rien qui ſente la profanation ou l'indécence que *Neuré* a voulu y trouver.......

LA Proceſſion d'Aix qui en fait le principal ſujet ( de la Critique de *Neuré*) a trouvé un Apologiſte en la perſonne de Mr. PIERRE JOSEPH DE HAILZE, Gentil-homme du Païs, Auteur d'une Hiſtoire de la Ville d'Aix, & de quelques autres Ouvrages. Il publia en l'année 1708, *l'Eſprit du Cérémonial d'Aix*

*en*

----

( *c* ) C'eſt *le branle de S. Elme*, ainſi nommé par le peuple. Voy. Hiſtoire de Marſeille par LOUIS-ANTOINE DE RUFFI, ſeconde édition 11. Vol. in fol. 1696. à Marſeille.

*en la Célébration de la Fête-Dieu*, 1. vol. in 12. à Aix, chez la Veuve de *Charles David* 1708. Le Journal des Savans de la même année, rendit un compte exact de cet Ouvrage, ce qui me difpenfe d'entrer là-deffus dans aucun détail. *Neuré* y eft repris en plus d'un endroit, pour avoir mal pris le fens de l'Inftituteur, & pour avoir plus d'une fois outré les chofes, &c.....

OUTRE les jours de la Nativité de Nôtre Seigneur, de St. Etienne, de S. Jean l'Evangelifte, des Innocens, de la Circoncifion, de l'Epiphanie, ou de l'Octave des Innocens, que fe faifoit la Fête des Foux, il fe pratiquoit encore quelque chofe de femblable le jour de S. Nicolas & le jour de Ste. Catherine, & particulierement dans quelques Eglifes du Dioceze de Chartres.

THIERS, dans fon Traité des Jeux, raporte *( d )* qu'on a donné le nom d'*Aguilanneuf* à une Quête que l'on faifoit le premier jour de l'an dans le Dioceze d'Angers. Nous en raporterons les particularitez dans la défenfe que fit le Synode d'Angers en 1595. de continuer cette Fête.

VOICI un *Mémoire* fur l'ancienne Fête des Foux dans le Dioceze de Viviers, tiré d'un Ouvrage de Mr. LANCELOT, inferé dans l'Hiftoire de l'Académie des Infcriptions *Tom. 7. pag.* 255. de l'Edit in 4°. & *Tom. 4. pag. 397.* de l'Edit. in 12.

TOUT le monde fait, dit *Mr. Lancelot*, qu'il s'étoit introduit pendant les Siecles d'ignorance, des Fêtes différemment apellées, *des Fols, des Anes, des Innocens, des Calendes.* Cette différence venoit des jours & des lieux où elles fe faifoient. Le plus fouvent c'étoit dans les Fêtes de Noël, à la Circoncifion ou à l'Epiphanie.

ON a déja donné plufieurs defcriptions de ces ridicules Cérémonies, que la fimplicité de nos Péres avoit introduites, & que

D 2

l'Eglife

_______

*( d )* Pag. 452, & fuiv.

l'Eglife a depuis fi juftement abolies. En voici une que le Rituel MS. de Viviers m'a fournie.

ELLE commençoit par l'élection d'un *Abbé du Clergé*. C'étoit le Bas-Chœur, jeunes Chanoines, Clercs ou Enfans de Chœur, qui la faifoient. L'Abbé élû, & le *Te Deum* chanté, on le portoit fur les épaules dans la maifon où tout le refte du Chapitre étoit affemblé ; tout le monde fe levoit à fon arrivée ; l'Evêque lui-même s'il étoit préfent. Cela étoit fuivi d'une ample collation, après laquelle le Haut-Chœur d'un côté, & le Bas-Chœur de l'autre, commençoient à chanter certaines paroles qui n'avoient point de fuite : *Sed dum eorum cantus fæpius & frequentius per partes continuando, cantatur, tantò amplius afcendendo elevatur, in tantum quod una pars cantando, clamando, & fort cridar (e), vincit aliam. Tunc enim inter fe ad invicem, clamando, fibilando, ululando, cachinnando, deridendo, ac cum fuis manibus demonftrando, pars victrix, quantum poteft, partem adverfam deridere conatur & fuperare, jocofafque Trufas (f) fine tædio breviter inferre. A parte Abbatis* l'aourez (g). *Alter Chorus*, Noli, Noli (h); *à parte Abbatis ad fons Sancti Bacon; alii Kirie eleifon, &c.*

CELA finiffoit par une Proceffion qui fe faifoit tous les jours de l'Octave. Enfin le jour de St. Etienne, paroiffoit l'Evêque fou, *Epifcopus ftultus*. C'étoit auffi un jeune Clerc différent de l'Abbé du Clergé. Quoiqu'il fut élu dès le jour des Innocens de l'année précédente, il ne jouiffoit, à proprement parler, des droits de fa Dignité, que ces trois jours de St. Etienne, de St. Jean & des Innocens. Après s'être revêtu des ornemens Pontificaux, en Chappe, Mitre, Croffe, &c. fuivi de fon Aumonier auffi en Chappe, qui avoit fur fa tête un petit couffin, au lieu de bonnet, il venoit s'affeoir dans la Chaire Epifcopale, & affiftoit à l'Office, recevant les mêmes honneurs que le véritable Evêque auroit reçus. A la fin de l'Office, l'Aumonier difoit à

pleine

(e) *Cridar*, crier.

(f) *Trufas*, mocqueries.

(g) Vous l'aurez.

(h) *Noli, Noli*, non, non.

pleine voix : *Silete, filete, filentium habete.* Le Chœur répondoit *Deo gratias* : L'Evêque fou, après avoir dit : *Adjutorium &c.* donnoit fa Bénédiction, qui étoit immédiatement fuivie de ces prétendues Indulgences, que fon Aumonier prononçoit avec gravité :

> De par Moffenhor l'Evêqué,
> Que Dieou vos doné mal al Befclé
> Avez una plena banafta dé pardos,
> E dòs de Rafchâ de fòl lo mentô.

LES autres jours les mêmes Cérémonies fe pratiquoient, avec la feule différence, que les Indulgences varioient : Voici celles du fecond jour, qui fe répétoient auffi le troifieme :

> Moffenhor, qu'es eiffi préfen,
> Vos dona XX. banaftas dé mal dé dens,
> Et à tôs vôs aoutrés aoûffi,
> Dona una cóa de Rouffi.

DANS ces Indulgences burlefques, il y a quelques mots à expliquer. *Al Befclé*, c'eft au foye. *Dos dés de Rafchâ*, deux doigts de teigne, de galle rogneufe. Dans un ancien Gloffaire que le Pére LABBE a fait imprimer, avec une infinité de fautes, dans fes Etimologies françoifes, & dont il y a un bon MS. à la Bibliotheque de S. Germain des Près, on trouve au mot, *Porrigo*; PORRIGO, *Teigne, Râche, Rogne.* On fe fert encore de ce mot, *Rache* ou *Raiche* en plufieurs Provinces. *Râche, rabies.*

POUR *Banafta dé pardos*, c'eft une panetée de pardons. *Banafte, benate, benaton, benna, banne* dans la plus grande partie de nos Provinces, eft en ufage, pour pannier, corbeille, manequin, vaiffeau propre à porter fruits, grains, legumes, &c. Il doit venir de *benna*, ancien mot Gaulois, qui felon *Feftus*, étoit une efpèce de voiture ou de char, *Benna, linguâ Gallicâ, genus vehiculi appellatur.* Du char qui a porté ce nom, il a paffé à la chofe portée. Il y a plufieurs pareils exemples.

D 3

VOILA

VOILA jufqu'où l'on avoit pouffé l'extravagance & l'impieté, que la Sorbonne ( *i* ) taxoit hautement de Paganifme & d'Idolatrie. Elle avoit fes Apologiftes & fes Partifans, fi nous en voulons croire *Gerfon* ( *k* ), qui dit qu'on avoit prêché de fon tems, que cette Fête des Foux étoit autant aprouvée de Dieu, que la Fête de la Conception de la Vierge Marie. Il fait beau voir dans la Lettre circulaire de la Faculté de Paris, le raifonnement de ces gens-là. ,, Nos prédéceffeurs, *difoient-ils*, qui étoient de ,, Grands Perfonnages, ont permis cette Fête, vivons comme ,, eux, & faifons ce qu'ils ont fait. Nous ne faifons pas toutes ,, ces chofes férieufement, mais par jeu feulement, & pour nous ,, divertir, felon l'ancienne coûtume ; afin que la folie qui nous ,, eft naturelle, & qui femble née avec nous, s'emporte & s'é- ,, coule par là, du moins une fois chaque année. Les Tonneaux ,, de vin créveroient, fi on ne leur ouvroit quelquefois la bon- ,, de ou le foffet, pour leur donner de l'air. Or nous fommes ,, de vieux vaiffeaux & des tonneaux mal reliez, que le vin de ,, la fageffe feroit rompre, fi nous le laiffions bouillir ainfi par ,, une dévotion continuelle au fervice Divin : Il lui faut donner ,, quelque air & quelque relâchement, de peur qu'il ne fe perde ,, & ne fe répande fans profit. C'eft pour cela que nous don- ,, nons quelques jours aux jeux & aux bouffonneries, afin de re- ,, tourner enfuite avec plus de joye & de ferveur, à l'étude & ,, aux exercices de la Religion. " C'étoient là les difcours des Vieillards invéterez & endurcis dans leurs péchés, qu'ils tâchoient d'excufer, tandis que les jeunes gens qui aiment toujours le jeu & la nouveauté, aplaudiffoient à cette Fête.

MAIS l'Eglife qui a toujours maintenu parmi fes Enfans une difcipline éloignée de toute fuperftition, a eu foin d'aporter les remèdes les plus efficaces qu'on pût oppofer à ces ridicules & extravagantes cérémonies. Les Conciles, les Papes, & les Evê-

ques

_______________

( *i* ) Voy. Epift. Facult. Paris, ann. 1444. 12. Martii.

( *k* ) Feftum hoc Fatuorum à Deo approbatum effe, ficut feftum Conceptionis Mariæ, afferuit quidam in Urbe Altiffiodorenfi. GERS. *Part.* 4. *num.* 10. *literâ* N.

ques tonnerent de toutes parts ; & fi le Lecteur eft curieux de voir les Défenfes de l'Eglife contre des defordres fi impies, il peut confulter deux Ordonnances d'E UDES DE S ULLY, Evêque de Paris. L'une en 1198., l'autre en 1199. qui fut confirmée en 1208. par P IERRE C AMBIUS, fuccefleur d'*Eudes de Sully.* Quelque tems auparavant, le Cardinal *Pierre*, Légat en France, avoit défendu, fous peine d'excommunication, que l'on fit la Fête des Foux dans l'Eglife Cathédrale de Paris. L'Ordonnance du Légat eft inferée dans celle de 1198. d'*Eudes de Sully.* L'on peut voir toutes ces Ordonnances à la fin des Oeuvres de *Pierre de Blois*, de l'Edition de Mr. de Gouffainville.

O N lit dans l'Hiftoire de la Ville de Paris (*l*) qu'*Eudes de Sully* s'attacha principalement à détruire un abus qui s'étoit introduit tous les ans le premier jour de Janvier, qu'on nomma la Fête qui y donna occafion, la Fête des Foux, & que c'étoit la Fête des Sou-diacres. Plufieurs gens mafquez entroient ce jour-là dans l'Eglife, & y commettoient mille prophanations. L'Evêque fit un Réglement par lequel il étoit défendu de faire à l'avenir de femblables Fêtes : il défendit auffi aux Diacres de célébrer la Fête de St. Etienne, parce qu'ils n'étoient pas plus retenus dans ces occafions que les Sou-diacres.

O DON Evêque de Paris, dans le douzieme Siecle, mit tout en ufage pour abolir la Fête des Foux; mais tous fes foins furent inutiles, & n'empêcherent pas qu'elle ne durât encore plus de 250. ans. Voici de quelle maniere en parle *Mezeray*, dans fon Abregé Chronologique de l'Hiftoire de France (*m*).

„ O DON, *dit-il*, travailla à détruire une ancienne, mais ri-
„ dicule coûtume, qui s'étoit foufferte dans l'Eglife de Paris, mê-
„ me dans plufieurs autres du Royaume : c'étoit la Fête des Foux;
„ en quelques endroits on l'appelloit la Fête des Innocens. Elle
fe

_______

[*l*] Voy. Tom. I. pag. 138. ad ann. 1198. *Hiftoire de la Ville de Paris*, imprimée à Paris chez Gandouin en 1735.
[*m*] Tom. I. pag 578. Edit. in 4to.

,, fe faifoit à Paris , principalement le jour de la Circoncifion :
,, Les Prêtres & les Clercs alloient en mafques à l'Eglife , & y
,, commettoient mille infolences. Au fortir de là, ils fe prome-
,, noient dans des chariots par les rues , & montoient fur des
,, Théatres, chantant toutes les chanfons les plus vilaines , & fai-
,, fant toutes les poftures , & toutes les bouffonneries les plus ef-
,, frontées , dont les Bâteleurs ayent accoutumé de divertir la
,, fotte populace. *Odon* s'efforça d'oter cette deteftable momerie ,
,, ayant à cet effet obtenu un Mandement du Légat du S. Siege,
,, qui venoit vifiter fon Eglife. Mais il faut bien croire que fon
,, intention n'eut pas fon entier effet, & que cette folie dura enco-
,, re plus de 250. ans, puifque nous trouvons que l'an 1444. la
,, Faculté de Théologie, à la requête des Evêques , écrivit une
,, Lettre à tous les Prélats & Chapitres , pour la condamner & l'a-
,, bolir ; & que le Concile de Sens, qui fe tint l'an 1460. en par-
,, le encore, comme d'un abus qu'il falloit retrancher. *Odon*, Evê-
,, que de Paris, étoit de cette illuftre maifon , iffue des Comtes
,, de Champagne.

C'est affurément de cette ridicule Fête des Foux , qu'a voulu
parler le Pape INNOCENT III, dans le Chapitre *Cum Decorem.*
,, [*n*] On fait quelquefois , dit-il , dans les Eglifes des fpectacles
,, & des jeux de Theatres, & non feulement on introduit dans
,, ces fpectacles & ces jeux , des monftres de mafques ; mais même
,, en certaines Fêtes, des Diacres, des Prêtres, & des Sou-diacres
,, prennent la hardieffe de faire ces folies & ces bouffonneries, &c.
,, Nous vous enjoignons, mon Frére , d'exterminer de vos Egli-
,, fes la coutume , ou plûtôt l'abus & le déréglement de ces fpec-
,, tacles & de ces jeux honteux, afin que cette impureté ne fouille
,, pas l'honneur de l'Eglife.

D'où il eft clair qu'il n'eft nullement permis de repréfenter des
fpectacles, ni des jeux de Théatre dans les Eglifes. Car voila le
vrai fens, le fens naturel qu'il faut donner à ce *Chapitre.* Le titre

y

(*n*) Lib. 3. Decretal. Tit. 1. de vita & honeftate Clericorum.

y eſt exprès. *Les jeux de Théatre*, dit-il, *ne ſe doivent point re-préſenter dans les Egliſes, non pas même par des Eccléſiaſtiques, ſous prétexte de la coutume.* TOSTAT, Evêque d'Avila, l'a auſſi en-tendu de cette maniere (*a*), & MESNARD (*b*), célébre Avo-cat du Parlement de Paris, expliquant ſommairement ce même Chapitre, dit : *que les jeux de Théatre ne ſoient point repréſentez dans les Egliſes, & qu'on n'y introduiſe point de monſtres de Maſques,* &c.

LE Concile de Paris tenu en 1212. défend abſolument aux Archevêques & aux Evêques, de faire la Fête des Foux (*c*) où l'on porte des bâtons. *A feſtis follorum ubi baculus accipitur omninò abſtineatur.* Et après avoir fait cette défenſe aux Archevêques & aux Evêques, il le défend encore d'une maniere plus forte aux Religieux & aux Religieuſes : *Idem fortius Monachis & Moniali-bus prohibemus.*

DANS le Livre intitulé de *la Diférence & de la Reſidence du De-voir des Eccléſiaſtiques,* il eſt dit en parlant de la Fête qu'on apelle *Feſtum Fatuorum* Chapitre XII. pag...... qu'il fut défendu par Arrêt ſolemnel aux Eccléſiaſtiques de Nôtre Dame d'Orſiac, de faire ſonner les Tambourins & danſes parmi les Rues, ainſi qu'on diſoit qu'ils étoient coutumiers de faire aux premieres Meſſes.

LE Concile Provincial de Bourdeaux, tenu à Cognac en 1620. (*d*), condamne les danſes & les autres pratiques ridicules du jour de la Fête des Innocens, qui étoit un de ceux où l'on faiſoit la Fête des Foux. *Il y a certaines Egliſes,* dit-il, *où l'on a coutu-me de danſer le jour de la Fête des Innocens, ce qui cauſe des querelles & des diſputes, & apporte du trouble aux Offices divins, & en d'au-tres occaſions..... Nous défendons de le faire à l'avenir ſous peine d'excommunication. Nous défendons auſſi d'élire des Evêques ce jour là, parce que cela eſt ridicule dans l'Egliſe de Dieu, & que cela tour-ne au mépris de la dignité Epiſcopale.*

E

LE

(*a*) In cap. 6 Matth. quæſt. 2.  (*c*) P. 4. Cap. 16.
(*b*) Epitom. Leg. Pontific.  (*d*) Cap. 2.

LE Synode de Langres en 1404. défend (*e*) ſous peine d'excommunication & de dix Livres Tournois d'amende, non ſeulement aux Eccléſiaſtiques, mais généralement à tous les Fidèles,
de jouër aux jeux deshonnêtes qu'on a coutume de faire en certaines Egliſes, à la Fête des Foux, que l'on célébre dans l'Octave de la Nativité de Nôtre Seigneur.

LE Concile de Bâle s'eſt expliqué ſur cette infame Fête par ce
Decret qui fait partie de la Pragmatique Sanction, & qui eſt de
l'année 1435. *Il y a*, dit-il, *un indigne abus* (*f*) *qui ſe pratique
dans quelques Egliſes, & qui eſt qu'en certaines fêtes de l'année, quelques-uns ſe revêtant d'habits Pontificaux avec la Mitre & la Croſſe,
donnent la Bénédiction, comme font les Evêques ; D'autres s'habillent
en Rois & en Ducs, & c'eſt ce qu'on appelle en quelques Provinces,
la Fête des Foux, des Innocens, ou des Enfans ; D'autres ſe maſquent
& repréſentent des jeux de Théatre ; d'autres enfin, par des danſes
d'hommes & de femmes, attirent les Spectateurs, & les portent à des
ris diſſolus.* Ce ſaint Concile déteſtant ces deſordres, ordonne
& enjoint tant aux Ordinaires, qu'aux Doyens, & aux Recteurs
des Egliſes, ſous peine de ſuſpenſion de tous leurs revenus eccléſiaſtiques durant trois mois, de ne plus permettre à l'avenir qu'on
faſſe ces jeux & ces badineries, ni dans l'Egliſe, qui doit être une
maiſon de priere, ni dans le Cimetiere ; & de n'être pas négli-
gens à punir par les Cenſures Eccléſiaſtiques, & par les autres
peines du droit, ceux qui contreviendront à cette Ordonnance.

„ *AFIN*, dit le Concile Provincial de Rouën, tenu en 1445.
„ (*g*), *que le Créateur ſoit ſervi honnêtement & ſaintement*, ce ſaint
„ Concile défend de faire dans les Egliſes, ni dans les Cimetie-
„ res, les Jeux vulgairement appellez *des Foux*, où l'on porte des
„ Maſques, & où il ſe pratique quantité de choſes indécentes.
„ Comme ces ſortes de jeux ſont contraires à l'honnêteté Cléri-
„ cale, nous défendons ſous peine d'excommunication à tous les
„ Ecclé-

( *e* ) Tit. de Ludis prohib.
( *f* ) Cap. de Spect. in Eccl. non faciend. Seſſ. 21.
( *g* ) Cap. 2.

„ Eccléfiaftiques de les repréfenter : Et nous ordonnons que ceux
„ qui les repréfenteront, feront privez pendant trois mois des dif-
„ tributions qu'ils ont coutume de percevoir dans ces mêmes Egli-
„ fes ; & que ces diftributions feront partagées entre les autres
„ Officiers du Chœur, qui feront plus fages & plus refervez.

„ C E facré Concile ( dit le Concile Provincial de Rheims, te-
„ nu à Soiffons en 1456.) ordonne & enjoint d'exterminer entié-
„ rement de toutes les Eglifes & de tous les Monaftères de Reli-
„ gieux & de Religieufes de cette Province, cet infame abus qui
„ s'y étoit introduit, & qui avoit déja été condamné par le Con-
„ cile de Bourges; d'y faire des Mafcarades, des jeux de Théa-
„ tre, des danfes, des trafics, & autres chofes qui troublent le
„ fervice Divin, ou qui bleffent l'honneur de ces Saints lieux.

A P R E S que les Conciles Provinciaux de Sens en 1460. & en
1485. ( h ), ont défendu de danfer & de repréfenter aucun jeu
de Théatre, & de faire aucune infolence dans les Eglifes, comme
l'on a coutume de faire vers la Fête des Innocens ; & qu'ils ont
marqué que la même chofe a été défendue auparavant dans d'autres Conciles Provinciaux de la même Ville ; après tout cela, dis-
je, ils adoptent le Decret du Concile de Bâle que nous avons
raporté plus haut, & ils le confirment en termes très exprès.

L E S Statuts Synodaux d'Orleans en 1525. & en 1587. ( i ), défendent auffi de faire aucuns Feftins dans les Eglifes, ni dans les
Cimetieres, d'y jouer, d'y chanter des Chanfons prophanes, &
d'y repréfenter des Comédies & des fpectacles.

L E Concile Provincial de Sens tenu à Paris en 1528. ( k ) défend aux farceurs, & aux bouffons d'entrer dans les Eglifes pour
y jouer du tambour, de la harpe, ou de quelqu'autre inftrument
de Mufique, & d'en jouer effectivement, foit dans les Eglifes.

E 2

foit

(h) Art. 1. cap. 1.
(i) Tir. de Ecclef & Cœmet.
(k) In Decret. mor. cap. 16.

foit dans les lieux voifins des Eglifes. Il défend enfuite de faire à l'avenir la Fête des Foux , ou des Innocens , & d'ériger un DOYENNE' DU PLAT : *Prohibemus ne fiat deinceps Feftum Fatuorum aut Innocentium , neque erigatur Decanatus Patellæ.*

LE premier Concile Provincial de Cologne en 1536. témoigne ( *l* ) qu'autrefois on repréfentoit des jeux de Théatre , & des Mafcarades jufques dans les Eglifes ; ce qui étoit d'un fort mauvais exemple : mais que le Pape INNOCENT III. par fa Decretale , *Cum decorem* , abolit ce déteftable abus ; & il fe réjouit enfuite de ce que ce même abus n'eft plus en pratique , à ce qu'il croit , dans les Diocèfes de fa Province.

QUE ni les Ecoliers ( difent les Conftitutions Synodales du Diocèfe de Chartres , publiées ( *m* ) en 1550. ) ni les Clercs , ou Enfans de Chœur , ni les Prêtres ne faffent rien de fou , ni de ridicule dans l'Eglife , & qu'ils ne fouffrent pas que perfonne en faffe aux Fêtes de St. Nicolas , de Sainte Catherine , & des Innocens , ou à quelqu'autre jeu que ce foit , fous prétexte de divertiffement. Enfin que l'on banniffe des Eglifes les habits des foux qui font des perfonnages de Théatre.

PARCE que l'on danfe , & l'on fait des jeux dans les Eglifes , ( dit le Concile Provincial de Narbonne ( *n* ) en 1551. ) au grand deshonneur du nom Chrétien , ce Concile voulant exterminer entierement cet abus , défend à toutes fortes de perfonnes de danfer , & de faire des jeux , foit dans les Eglifes , foit dans les Cimetieres.

LES Statuts Synodaux de l'Eglife de Lyon ( *o* ) en 1566. & en 1577. défendent avec beaucoup de rigueur les infolences de la Fête des Foux. Voici comment ils parlent : ,, Es jours de ,, Fête des Innocens & autres , l'on ne doit fouffrir es Eglifes ,, jouër

[ *l* ] P. 3. cap. 26.　　　　　[ *n* ] Can. 46.
[ *m* ] Tit. 16.　　　　　[ *o* ] Tit. de Ecclef. &c. cap. 15.

„ jouër jeux , Tragédies , farces , & exhiber fpeƐacles ridicules
„ avec mafques, armes & tambourins , & autres chofes indécen-
„ tes qui fe font en icelles , fous peine d'excommunication.....
„ Défendront les Curés , difent-ils ailleurs (*p*), fur peine d'ex-
„ communication , de mener danfes , faire Bacchanales & autres
„ infolences es Eglifes ou es Cimetieres.

IL eft bien vraifemblable que c'eft encore de cet abus qu'a
voulu parler le Concile Provincial de Cambrai en 1565. lorfqu'il
a fait cette Ordonnance : „ Les Eccléfiaftiques ont coutume (*q*)
„ dans certains jours de Fêtes , fous prétexte d'une honnête ré-
„ création , de faire bien des chofes , qui , par la licence qu'ils
„ prennent de jour à autre , fcandalifent extrêmement les Fideles,
„ à caufe des bouffonneries & des badineries qui fe pratiquent en
„ certains lieux , & en certaines Eglifes , & qui fentent plûtôt le
„ Paganifme , que la modeftie Chrêtienne.  C'eft pourquoi ce
„ Concile ordonne & enjoint aux Evêques & aux autres Supé-
„ rieurs de ne pas fouffrir qu'à l'avenir on faffe rien de femblable ,
„ de crainte qu'on ne puiffe apliquer aux Eccléfiaftiques , avec
„ beaucoup de raifon , ces paroles de l'Apôtre (*r*) : *Le peuple*
„ *s'affit pour manger & pour boire, & ils fe leverent pour jouër.*

LE Concile Provincial de Tolede (*s*) en 1566. eft entré dans
le fentiment des autres Conciles , qui condamnent expreffement
la Fête des Foux.  „ Puifque les Eglifes, *dit ce Concile*, font con-
„ facrées à la Divine Majefté , afin que les Chrêtiens y rendent
„ à Dieu un culte tranquille & digne de leur pieté , le Saint
„ Concile défend à l'avenir l'infame abus qui fe commet le jour
„ des Innocens , où l'on a coutume de repréfenter publiquement
„ certains jeux de Théatre dans les Eglifes, ce qui eft un mépris
„ de l'Ordre Eccléfiaftique , & une offenfe contre Dieu ; parce
„ que cela excite au péché les yeux des Chrêtiens, qui ne de-
„ vroient fe porter qu'aux chofes fpirituelles.  Si quelqu'un con-

E 3

„ trevient

---

(*p*) Tit. de Ecclef. &c. cap. 14.  (*r*) 1. Cor. 10. 7.
(*q*) Tit. 6. cap. 11.    (*s*) Aɛt. 2. cap. 21.

„ trevient à ce réglement, ou autorife cet abus, le pouvant em-
„ pêcher, outre la fufpenfe qu'il encourra de droit , pendant fix
„ mois, il fera condamné en une amende applicable à la fabrique
„ des Eglifes. Ce Saint Concile défend en outre fous les mêmes
„ peines, de permettre en quelque maniere que ce foit, que l'on
„ faffe dans les Eglifes Cathédrales ou Collégiales, cette feinte
„ & puerile élection d'Evêque, laquelle on a coutume de faire à
„ certaines Fêtes de l'année par un autre infame abus, parce qu'el-
„ le eft extrêmement injurieufe à la Dignité Epifcopale, & qu'elle
„ donne lieu à quantité d'autres abus qui ne font nullement con-
„ venables à la difcipline Eccléfiaftique, à la Majefté des Offices
„ Divins, ni à la vénération des Temples du Dieu vivant.

LE Synode de Chartres de l'année 1575. ( *t* ) ne fe contente
pas d'ordonner la même chofe ; mais il renouvelle en outre le
Decret du Concile de Bâle contre les fpectacles qui fe font dans
les Eglifes. „ Que ni les Ecoliers, *dit-il*, ni quelqu'autre perfon-
„ ne que ce foit, ne faffent rien de ridicule dans les Eglifes,
„ fous prétexte de divertiffement, aux Fêtes de St. Nicolas, de
„ Sainte Catherine, & des Innocens ; que l'on obferve exactement
„ le Decret du Concile de Bâle, qui bannit des Eglifes les fpec-
„ tacles prophanes, de crainte que Dieu ne foit offenfé dans les
„ lieux où l'on doit implorer fa miféricorde , & lui demander
„ pardon des péchés que l'on a commis contre lui.

LE Concile Provincial de Rheims (*u*) en 1583. défend abfo-
lument de repréfenter dans les Eglifes , aux jours des Fêtes de
Nôtre Seigneur, & des Saints, fous prétexte de quelque coûtume
que ce foit, aucuns jeux de Théatre, aucuns jeux d'Enfans , ni
aucunes autres badineries ridicules , qui puiffent fouiller l'honneur
& la fainteté de la Maifon de Dieu; & il veut enfuite que ceux
qui le feront foient punis par leurs Supérieurs.

ENFIN

( *t* ) Norma piè vivendi &c. Tit. de exterioris Templ. ornatu, pag. 9. verf.
( *u* ) Tit. de dieb. Feftis, n. 6.

ENFIN le Concile Provincial d'Aix (*x*) en 1585. ordonne que l'on faſſe ceſſer dans les Egliſes, le jour de la Fête des Innocens, tous les divertiſſemens, tous les Jeux d'Enfans & de Théatre ; que l'on y diſe la Meſſe à l'ordinaire, & que l'Evêque y aſſiſte, s'il ſe peut.

NOUS avons déja parlé d'une Quête appellée *l'Aquillanneuf* dont *Mr. Thiers* raporte pluſieurs circonſtances (*y*) voici de quelle maniere il s'exprime :

EN quelques endroits du Diocèſe d'Angers, *dit-il*, il ſe commettoit autrefois quantité d'inſolences dans les Egliſes, ſous prétexte d'une Quête qui s'y faiſoit les premiers jours de l'année, par de jeunes-gens de l'un & de l'autre ſexe, & que l'on appelloit *l'Aquillanneuf*. Mais cela fut défendu par le Synode d'Angers (*z*) en 1595. „Comme ainſi ſoit, *dit ce Synode*, que l'ennemi mortel du
„ Genre-humain tâche toujours, par une ruſe qui lui eſt ordinai
„ re, de ſuggerer es eſprits des hommes, ſous aparence de quel
„ que bien, des choſes deſquelles les beaux & ſaints commence
„ mens ſe changent par après, en malheureux & méchans effets.
„ Entre les autres, celle-ci n'eſt pas à mépriſer, que par certaine
„ coutume, de long-tems obſervée en quelques endroits de nô
„ tre ſiecle, & principalement es Paroiſſes qui ſont ſous les Doy
„ ennez de Craon & de Cand, le jour de la Fête de la Circon
„ ciſion de Nôtre Seigneur, qui eſt le premier jour de l'an, &
„ autres en ſuivans, les jeunes gens d'icelles Paroiſſes de l'un &
„ de l'autre ſexe, vont par les Egliſes & Maiſons, faire certaines
„ Quêtes qu'ils appellent *Aquilanneuf*, les deniers de laquelle ils
„ promettent employer en un Cierge, en l'honneur de Nôtre Da
„ me ou du Patron de leur Paroiſſe : Toutefois nous ſommes
„ avertis que ſous ombre de quelque peu de bien, il s'y com
„ met beaucoup de ſcandales. Car outre que les dits deniers &
„ autres choſes provenant de la dite Quête, ils n'employent pas
„ la

(*x*) Tit. de Feſter. dierum cultu.
(*y*) Voy. Traité des jeux & des divertiſſemens &c. pag. 452. & ſuiv.
(*z*) Synode de la Pentecôte.

„ la dixieme partie à l'honneur de l'Eglife , ains confument quafi
„ tout en banquets , yvrogneries & autres débauches ; l'un d'en-
„ tr'eux qu'il apellent leur *Follet* ; fous ce nom , prend la liberté ,
„ & ceux qui l'accompagnent auffi , de faire & dire en l'Eglife &
„ autres lieux , des chofes qui ne peuvent être honnêtement pro-
„ férées , écrites , ni écoutées , même jufqu'à s'adreffer fouvent
„ avec une infolence grande au Prêtre qui eft à l'Autel , & con-
„ trefaire par diverfes fingeries les faintes cérémonies de la Meffe,
„ & autres obfervées en l'Eglife.  Et fous couleur dudit *Aquilan-*
„ *neuf*, prennent & dérobent es maifons où ils entrent , tout ce
„ que bon leur femble , dont on n'ofe fe plaindre , & ne peut-on
„ les empêcher , pource qu'ils portent bâtons & armes offenfives ,
„ & outre ce que deffus , font une infinité d'autres fcandales. Ce
„ qu'étant venu à nôtre connoiffance , par les remontrances &
„ plaintes qui nous ont été faites par aucuns Eccléfiaftiques & au-
„ tres , défirant par le dû de nôtre charge , remédier à tels defor-
„ dres , confiderant que notre Seigneur chaffa bien rudement , &
„ à coups de fouët , ceux qui dans le temple vendoient , & ache-
„ toient les chofes néceffaires pour les facrifices , tant s'en faut
„ qu'ils fiffent telles méchancetez que ceux-ci , leur reprochant que
„ de la Maifon d'Oraifon , ils en avoient fait une tanniere &
„ retraite de Voleurs.  A l'exemple d'icelui , pouffé de fon Saint
„ Efprit , & de l'autorité qu'il lui a plû nous donner , Nous dé-
„ fendons très expreffément à toutes perfonnes , tant de l'un que de
„ l'autre fexe , & de quelque qualité & condition qu'ils foient , fur
„ peine d'excommunication , de faire d'oresnavant la dite Quête de
„ *l'Aquilanneuf* en l'Eglife , ni en la maniere que deffus , ni faire
„ affemblée pour icelle plus grande que de deux ou trois perfon-
„ nes pour le plus , qui à ce faire feront accompagnés de l'un des
„ Procureurs de Fabrique , ou de quelqu'autre perfonne d'âge , ne
„ voulant qu'autrement ils faffent la dite *Aquilanneuf*, & à la char-
„ ge d'employer en cire pour le fervice de l'Eglife , tous les de-
„ niers qui en proviendront , fans en retenir ni dépenfer un feul
„ denier à autre ufage.  Mandons , & enjoignons à tous Recteurs
„ & Curés des Eglifes & Paroiffes , & autres , ayant charge d'ames
„ en

,, en ce Diocèfe , fur peine de fufpenfion *à Divinis* pour un mois,
,, & de plus grandes peines par après , fi elle y échet, qu'ils n'ayent
,, à permettre , ni fouffrir telles chofes fe faire en leurs dites Pa-
,, roifles , autrement que nous l'avons déclaré ci-deffus.

CETTE Ordonnance fut exécutée avec affés d'exactitude ; de
forte que depuis fa publication, on ne fit plus la fête de *l'Aqui-*
*lanneuf*, & on ne vit plus de *Follet* dans les Eglifes. Cependant
comme cette Fête fe continua hors des Eglifes avec trop de licence & de fcandale, le Synode d'Angers *(a)* en 1668. la règla en
cette maniere, & reprima les divertiffemens exceffifs qui l'accompagnoient. ,, Il fe commet un abus, *dit ce Synode*, dans la plus
,, part des Paroiffes de la Campagne, que nous croïons être parti-
,, culier, & n'avoir cours qu'en ce Diocèfe, & que nous fommes
,, d'autant plus réfolus d'abolir, qu'il fe commet fous le prétexte
,, d'une utilité temporelle de l'Eglife. C'eft qu'en certains tems
,, de l'année, il fe fait des affemblées de perfonnes qui vont quê-
,, ter par les Paroiffes, pour l'entretenement du luminaire. Ce
,, que l'on appelle vulgairement *Guilanleu* ou *Guy-lanneuf* ou *Bache-*
,, *lettes* ; & que durant cette Quête, il fe fait des réjouïffances, ou
,, plu-tôt des débauches, avec des danfes, des chanfons diffoluës,
,, & des licences qui font d'autant plus criminelles, qu'il femble
,, aux fimples, que l'Intérêt de l'Eglife les ait autorifées comme u-
,, ne louable coûtume. C'eft pourquoi nous défendons à toutes
,, perfonnes de quelque âge, fexe, & condition qu'elles foient, de
,, faire à l'avenir de pareilles affemblées, *de Guilanleu*, & aux Cu-
,, rés de les fouffrir ; & pour ôter ce defordre, nous leur ordonnons
,, de nommer eux mêmes des perfonnes de probité reconnue, qui
,, rendront cet office à leur Eglife par charité, fans aucun falaire,
,, ni abus, à peine de fuprimer entierement les dites Quêtes fi le
,, defordre ne ceffe. Cependant nous exhortons les fidèles de con-
,, tinuer, & même de redoubler, s'il fe peut, leurs aumones pour
,, le luminaire, & les autres befoins de leurs Paroiffes, les don-
,, nant aux Procureurs de fabrique, ou autres perfonnes, qui fe-

F

,, ront

______

*(a)* Synode de la Pentecôte. Stat. 7.

,, ront prépofées pour faire les quêtes, qui les feront avec modef-
,, tie, & les employeront utilement pour les néceffités de l'Eglife.

A la fin d'une lettre imprimée in 4°. de M. l'Archevêque de
Sens, du 25 Juillet 1737. à M. le Curé de St. Sulpice, fon frere, au fujet d'un Mandement de M. l'Evêque de Troyes, on
trouve une copie d'une Lettre écrite au XV. fiecle par M. *Jean*
d'E G U I S E, Evêque de Troyes, à l'Archevêque de Sens de ce tems-
là, *à ce qu'il lui plaife faire ceffer les abus qui chacun an font commis*
*dans les Eglifes de St. Pierre & de St. Etienne du dit Troyes, à cer-*
*tain jour, dit vulgairement la Fête des Foux.* Cette Lettre eft du 25.
Janvier fans datte de l'année.

Ce n'eft pas feulement la puiffance Eccléfiaftique qui a condamné ces Fêtes infames, la puiffance Séculiere y a auffi concouru,
comme on en voit un exemple dans un Arrêt du Parlement de Dijon, dont voici l'Extrait :

## ARRET DU PARLEMENT DE DIJON

*du 19. Janvier 1552. qui abolit la Fête des Foux.* †

SUR la doleance, & Requête faite à la Cour par les Doyen
& Chapitre de Saint Vincent de Châlon, ampliée par le Procureur du Roi, ayant eu communication dicelle, ladite Cour *( b )*
pour obvier aux fcandales & irrifions qui de jour à autre font
cy-devant avenus, & peuvent avenir, à ce que le fervice Divin foit
continué aux Eglifes Cathédrales, Collégiales & autres du Reffort
de ladite Cour, en l'honneur & révérence, tel qu'il apartient felon
les droits Canons, Saints Decrets & Concordats, fans irrévéren-
ce & infolence, icelle Cour a ordonné & ordonne, que défenfes
feront faires aux Choriaux & habituez de ladite Eglife St. Vincent

&

(†) Cet Arreft fe voit dans le Tréfor de la Sainte Chapelle du Roi à Dijon.
( *b* ) Voy. dans le Journal dès Savans du 16. Mai 1667. un extrait des Ouvrages de *Pierre*
*de Blois*, in fol. Paris. *Simon Piget* : on trouve à la pag. 99. de ce Journal plufieurs anciennes Pieces très curieufes, entre lesquelles on lit quatre lettres touchant l'abolition de
la Fête des Foux.

& de toutes autres Eglifes de fon Reffort, & dorefnavant le jour
de la Fête des Innocens, & autres jours faire aucunes infolences &
tumultes es dites Eglifes, vacquer en icelles, & courrir parmi les
Villes avec danfes & habits indécens à leur état Eccléfiaftique.
Ains de faire & continuer ledit fervice Divin, avec telle modeftie
de mœurs & habits qu'il eft requis par les dits Saints Canons & Decrets, le tout à peine de mettre le Temporel des contrevenans
fous la main du Roy; & à cette fin la dite Cour exhorte tous les
Juges Eccléfiaftiques fupérieurs, & enjoint aux Juges ordinaires Ro-
yaux des lieux, de faire entretenir & étroitement garder le contenu en cet Arrêt, & à tous Subftituts du Procureur Général d'en faire les pourfuites & diligences, & incontinent avertir la dite Cour
des contraventions qui pouroient intervenir contre le dit Arrêt,
lequel fera affiché aux portes des dites Eglifes à ce que perfonne
n'en puiffe prétendre caufe d'ignorance. Fait au Confeil à Dijon,
& prononcé à l'Audience le 19. Janvier mil cinq cent cinquante
deux. Au bas eft écrit; Collationné, & eft fignée SERAIN &
LEBAUT.

IL eft aifé de conclure de tout ce que nous venons de dire,
qu'encore que la Fête des Foux ait infecté pendant plufieurs fiecles
un affez grand nombre d'Eglifes; cependant l'Eglife Univerfelle,
loin d'autorifer ces desordres, s'y eft toujours opofée, & felon
un judicieux Auteur que nous avons déja cité dans cet Ouvrage ( c ), ce n'a été qu'un abus de quelques Eglifes particuliéres;
& ce feroit mal raifonner, ajoute-t-il ( d ), de conclure que ces folies payennes ont été fanctifiées par la Religion Chrêtienne. Elle
a toujours tâché de les reprimer, ainfi que les autres abus qui ont
régné de tems en tems, & qui n'ont que trop malheureufement vérifié ces paroles de JESUS-CHRIST: *Neceffe eft ut eveniant fcan-
dala.*

ENFIN je ne puis mieux finir ce Traité que par ces paroles
F 2
de

( c ) Jean Des Lyons.
( d ) V. Traitez finguliers & nouveaux contre le Paganifme du Roy boit. pag. 293. de
la 2. Edit.

de M. l'Abbé FLEURY. ,, Il y a des abus, *dit-il*, ( e ) que l'Eglise
,, a toujours condamnez: comme ces spectacles absurdes que l'on
,, avoit eu la témérité d'introduire jusques dans les Eglifes, & qui
,, furent défendus dans le Concile de Bâle *(f)* ; comme les
,, réjouissances prophanes aux Fêtes, dont nous voyons des restes à
,, la St. Martin, aux Rois, & aux fêtes de Patrons, dans les Vil-
,, lages, & les débauches de Carnaval, qui ne peuvent avoir eu
,, autre principe, que le regret d'entrer dans le Carême . . . . . . . . . .

,, LES Saints & les vrais Chrêtiens (continue *M. Fleury )* se font
,, toujours élevez contre ces abus. On sait avec quelle vigueur
,, Saint Charles les a reprimez, & combien il a travaillé pour ra-
,, mener l'Esprit de l'antiquité, jusques dans les moindres parties
,, de la Religion. Le Concile de Trente, & ceux qui ont été
,, tenus, pour le faire exécuter dans les Provinces, ne respirent
,, autre chose.

( e ) V. Mœurs des Chrétiens pag. 482. & suiv. de l'Edit. de Paris chez Cloufier 1682.
in-12.
( f ) V. Concil. Basil. sess. 21. Can. 11. Voy. aussi Synod. Vigorn. ann. 1240. Cap. 4.

MEMOI-

# MÉMOIRES

*POUR SERVIR A*

# L'HISTOIRE

*DE LA*

# FÊTE DES FOUX.

*SECONDE PARTIE,*

*Qui contient l'Hiſtoire des Réjoüiſſances qui ſe faiſoient autre-*
*fois en Bourgogne, & ailleurs, ſous le Nom de*

# MERE-FOLIE,

## GAILLARDONS, &c.

Uoiqu'on ne puiſſe rien dire de certain touchant le premier Etabliſſement de cette Compagnie, on voit cependant dans le *Proſpectus* (a) des Hiſtoriens de Bourgogne de Mr. de LA MARRE, qu'elle étoit établie du tems du Duc PHILIPPE le Bon. Elle fut encore

(a) Voy. la page ſuivante.

F 3      con-

confirmée, dit *Mr. de La Marre* ( b ) par JEAN D'AMBOISE Evêque & Duc de Langres, Gouverneur de Bourgogne en 1454. *Feſtum Fatuorum*, ajoute *Mr. de La Marre*, c'eſt ce que nous apellons *la Mére-Folie*.

TELLE eſt l'Epoque la plus reculée, que je puiſſe trouver de cette Societé, à moins qu'on ne veuille dire avec le P. *Meneſtrier*, ( c ) qu'elle vient peut-être d'Engelbeut de Cléves, Gouverneur du Duché de Bourgogne, qui avoit introduit à Dijon cette eſpèce de ſpeſtacle; car je trouve, pourſuit cet Auteur, qu'Adolfe, Comte de Cléves, fit dans ſes Etats uue eſpèce de Societé compoſée de trente-ſix Gentils-hommes, ou Seigneurs, qu'il nomma *la Compagnie des Foux*. Cette Compagnie s'aſſembloit tous les ans au tems des Vendanges, le premier ou ſecond Dimanche du mois d'Octobre, où ils mangeoient tous enſemble, tenoient Cour pléniére, & faiſoient des divertiſſemens de la nature de ceux de Dijon, éliſant un Roi & ſix Conſeillers, pour préſider à cette Fête. Voici les Lettres de cette Inſtitution, traduites ſur l'Original Allemand, très fidelement conſervé dans les Archives du Comté de Cléves.

# L E T T R E S

*De l'Inſtitution de la Societé du Fou établie à Cléves en 1381.*

NOUS tous qui avons mis nos ſceaux à ces préſentes Lettres, ſavoir faiſons, & reconnoiſſons, qu'après une meure délibération de nôtre bonne volonté, & pour l'affection & amitié particuliére que nous nous portons l'un à l'autre, nous avons réſolu &

conclu

( a ) Hiſtoricorum Burgundiæ Conſpectus, par *Philibert de la Marre* p 14. on lit: Confirmation de la Fête des Foux par Philippe Duc de Bourgogne, dit le Bon, le vendredi 27. de Decembre 1454. avec la confirmation en faite de l'autorité du Roi Louis XI. par Jean d'Amboiſe, Evêque & Duc de Langres, Pair de France, Lieutenant de Roi en Bourgogne, & *Jean de Baudricourt* Gouverneur de Bourgogne. *Ex Carthophylacio Capellæ Regiæ Diviontnſis* Supplement au Dictionaire de Moreri au mot *Mere-folie*. Tom.

( b ) Mémoires MSS. 2. pag. 63.

( c ) Repréſentation en Muſique, Anciennes & Modernes. pag. 52. & ſuiv. Mercure de France Juillet 1732. pag 55. dans la Lettre de Mr. l'Abbé Joli chanx à la Chapelle aux riches, où il eſt parle de l'hiſtoire des Foux.

conclu de faire entre nous une Societé qui fera apellée *la Societé du Fou*, en la forme & maniére qui s'enfuit, à favoir :

1°. QUE chacun de nous doit porter un Fou d'argent ou brodé ou coufu à fon habit, felon fa volonté, & quand quelqu'un de nous ne portera pas ce Fou journellement, celui de nous qui s'en apercevera, lui fera payer l'amende de trois vieux tournois, qui feront donnez aux pauvres en l'honneur de Dieu.

2°. NOUS affociez devons tous les ans faire une affemblée, où nous nous trouverons tous à Cléves le fecond Dimanche après St. Michel, & nul ne poura départir de fon hôtellerie, ni fortir de fon écurie, qu'il n'ait auparavant payé la part de la dépenfe faite en la dite affemblée ; dont nul ne poura s'abfenter que pour caufe de maladie, ou que fa refidence ordinaire fut eloignée de plus de fix journées du lieu de la dite Affemblée.

3°. SI quelqu'un des Affociez avoit querelle ou quelque inimitié avec un autre, la Societé les devra accommoder entre le lever & le coucher du Soleil, le jour du Jeudy.

4°. NOUS devons tous dans l'Affemblée élire entre les affociez un Roi avec fix Confeillers, pour ordonner des affaires de la Societé, particulierement pour régler le cours de l'année fuivante, & exiger les dépenfes, dont les Chevaliers & Ecuyers payeront également leur cotte part. Les Seigneurs un tiers plus que les Ecuyers & Chevaliers, & les Comtes un tiers plus que les Seigneurs.

5°. LE matin de la Fête de l'Affemblée, nous tous Affociez irons enfemble dans l'Eglife de Nôtre Dame de Cléves, prier pour ceux de nos Confréres qui feront decedez, & chacun y préfentera fon offrande. En foi de quoi, nous avons tous attachez nos Sceaux à ces Lettres, l'An de Nôtre Seigneur 1381. le jour de St. Rambert.

Ces

C E S Patentes font fcellées de trente-cinq Sceaux en cire verte, qui étoit la couleur des Foux. Celui du Comte de Cléves eft en cire rouge. L'Original de ces Lettres étoit confervé dans les Archives du Comte de Cléves.

O N lit encore dans l'Hiftoire des Ordres Religieux *(d)* qu'il y a eu un Ordre de Chevalerie, inftitué à Cléves en 1380. fous le nom de *la Societé des Foux*, le jour de Saint Rambert, par A D O L P H E, Comte de Cléves, conjointement avec trente-cinq Seigneurs, qui devoient porter fous leurs manteaux un Fou d'argent, en broderie, vêtu d'un petit juft-au-corps, & d'un capuchon tiffu de pieces jaunes & rouges, avec des fonnettes d'or, des chauffes jaunes & des fouliers noirs, tenant en fa main une petite coupe pleine de fruits. Ils s'affembloient le premier Dimanche après la Fête de St. Michel, & devoient tous fe trouver à l'Affemblée, à moins qu'ils ne fuffent malades, ou à plus de fix journées de Cléves, comme il eft plus amplement porté par les Lettres de cet Etabliffement, dont l'Original fe trouve dans les Archives de la dite Ville, au raport de S C H O O N E B E C K ; on en peut voir la Copie dans l'Hiftoire des Ordres Religieux que nous avons *( e )* déja citée. Ces Lettres font fcellées de trente-fix Sceaux, tous en cire verte, excepté celui du Comte de Cléves qui eft en cire rouge. Les Armes de ces Seigneurs font auffi à la premiere page, lefquelles *Schoonebeck* a fait graver dans fon Hiftoire des Ordres Militaires *(f)*. Il ajoute qu'on ne peut lire le refte de ce qui eft contenu dans fon Hiftoire. Mais il y a de l'apparence que ce n'eft qu'une Traduction qu'il a donnée de l'Original, puifque le ftyle ne fe reffent pas de l'antiquité.

O N lit dans l'hiftoire de Cambray *( g )* que l'Ordre des Foux
fut

---

*( d )* Hiftoire des Ordres Religieux in 4°. Tom. 8. pag 346. par le P. H Y P P O L I T E H E L I O T du Tiers Ordre de St. François, dit Picpus, mort en 1716.

*( e )* *Nota* que l'Hiftoire des ordres Monaftiques du P. Hyppolite cy-devant cité, place l'Erection de cet Ordre à l'an 1380. & qu'elle ne nomme pas les 35. Seigneurs qui le compofoient.

*(f) Tom.* **2.** *pag.* 223.

*( g )* Hiftoire de Cambray & Cambrefis. *Tom.* **2.** *pag.* 30.

fut inftitué l'an 1381. par *Adolphe* Comte de Cléves, en mémoire de trente cinq Seigneurs, qui s'entr'aimoient comme freres, dont les noms qui fuivent, fe trouvent encore dans les Régiftres de la Ville de Cléves.

| | |
|---|---|
| Le Comte de Meurs. | Jean de Bylant. |
| Dideric Vaneyl. | Guillaume Seigneur d'Abconde. |
| Le Seigneur de Meghen. | Henry de Bylan. |
| Arent Snoeck. | N.. de Buderick. |
| N... Van Bellincharen. | Senon de Sculemberghe. |
| Guillaume de Vorft. | H. de Dipenbroeck. |
| Othon Van-Hall. | Herbert Van-Lewen. |
| Jean de Bylan. | Guillaume de Roede. |
| Reinaud Van-Reys. | Evert Van-Vefte. |
| Evert Van-Hulft. | Gery d'Offembruck. |
| N.. de Meurs. | Bernard Van-Inghenhave. |
| Guillaume de Loël. | N. de Willacken. |
| Henry Van-Vefte | Erneft do Stomey. |
| H. Rulger de Dornick | H. de Grutterswich. |
| H. Van-Ameyde. | Othon de Bylan. |
| N. Van-Hatmolen. | Jean de Bronchorft. |
| Jean Van-Hetterfcheyde. | Jean de Ruckehem. |

Et Walrave de Benthem.

IL y a tant de raport entre les Articles de cette Inftitution, & la Mere-folle de Dijon, laquelle avoit, comme le Comté de Cléves, des Statuts, un Sceau, & des Officiers, que j'embraffe volontiers le fentiment du P. *Meneftrier*, qui croit que c'eft de la Maifon de Cléves, que la Compagnie a tiré fon origine, les Princes de cette Maifon ayant eu de grandes alliances avec les Ducs de Bourgogne, dans la Cour defquels ils étoient le plus fouvent.

LA plûpart des Villes du Païs-Bas, dépendantes des Ducs de Bourgogne, avoient de femblables Fêtes. *Le Prince d'Amour* de

G

Lille

Lille se nommoit autrefois le *Prince des Foux* : & parce que la Musique faisoit une partie de cette Fête, qu'on nommoit *de l'Epinette*, des Haut-bois en étoient la marque, & ces Haut-bois se mettent encore autour des Armoiries de la Ville, en certaines occasions de réjouissances.

La troupe du Prince d'Amour de Tournay, portoit le Chapeau vert. L'an 1547. on célébra à Lille la Fête de la Principauté des Foux; celle de Plaisance fut solemnisée à Valenciennes, l'an 1548. On faisoit à Douay la *Fête aux Anes*; à Bouchain celle du *Prévôt des Etourdis*. DOUTREMAN a décrit ces Fêtes au Chapitre seizieme de la seconde partie de son Histoire de Valenciennes. On fit sur la fin du Seizieme Siécle à Langres une Mascarade de la Mere-folle, qui instruisoit de jeunes foux, & qui leur aprenoit à chanter & à danser un Branle que l'on nommoit *des Sabots* parce qu'on y frapoit fréquemment des pieds en cadence avec des Sabots.

Il y avoit alors peu de Villes, *( h )* qui n'eussent de ces bouffonneries où l'on introduisoit des Musiques ridicules. Tantôt c'étoient des Anes qui chantoient, tantôt des Loups, des Singes, des Renards, où d'autres animaux jouoient de la flute; tantôt on frottoit des grils de fer avec des limes, au lieu de violons, & ces folies étoient les divertissemens les plus ordinaires du Carnaval. Le Mardi-gras, l'an 1511. on joüa aux Halles de Paris le jeu du Prince des Sots, & de la Mere-folle, où il n'y avoit rien de raisonnable, qu'un Trio chanté par la Mere-folle, & deux jeunes Sots. Les paroles de ce Trio étoient.

Tout par raison :
Raison par tout :
Par tout raison.

On

[ *h* ] *Pag.* 756. *du* 2. *Tom.* des Pieces justificatives de l'Histoire de Paris par Dom Félibien, on lit : *Jeux & Mai du Royaume de la Bazoche. Jeu & Moralité accoutumée être joüée chacun au premier Jeudy depuis les Rois, & faire festin accoutumé à l'issue dudit jeu &c.*

ON lit dans le Mercure de France (*i*) une Lettre curieuse qui a beaucoup de raport avec la Mere-folle de Dijon, & je crois que le Lecteur la lira avec plaisir.

*Lettre Ecrite d'Evreux le 8. Fevrier 1725.*

*Par* M. L. C. D. V. D. à M. D. L. R.

„ CE terme *Abbas Conardorum*, dont vous me demandez Mon-
„ sieur, l'explication, après l'avoir cherchée inutilement dans *Du*
„ *Cange*, & ailleurs, se trouve dans plusieurs Chartres (*k*) & dans
„ quelques Rituels anciens. Vous ne pouviez au reste, me faire cette
„ demande dans un tems plus convenable, car ma réponse vous ar-
„ rivera dans les derniers jours du Carnaval, & vous aurez de quoi
„ en rire avec vos amis. S'il vous prend envie de faire insérer cet-
„ te réponse dans le Mercure, comme vous avez fait quelques-
„ unes de mes lettres, le Public pourra s'en divertir, autant que de
„ la Mere-folle de Dijon dont il est parlé dans celui du mois de
„ Janvier 1724. (*l*) & comme dans plusieurs Tribunaux, on plai-
„ de sur la fin du Carnaval une cause choisie exprès, qu'on appel-
„ le la *Cause gayë*, ou *grasse*, ma lettre sera la piece du tems, la
„ piece joviale du Mercure.

„ *Abbas Conardorum*, l'Abbé des Conards ou Cornards. C'est
„ ainsi qu'on appelloit ce personnage à Evreux, où la facétieuse Com-
„ pagnie à laquelle il présidoit s'est distinguée autant, ou plus qu'ail-
„ leurs. Ce Président étoit le Maitre, le Chef & le premier des

G 2

„ Co-

[*i*] Mercure de France Avril 1725 *pag.* 724. *& suiv.* Cette Lettre est attribuée à Mr. l'Abbé le Bœuf; mais je crois faussement.

[*k*] Il y a un petit in 12. d'environ cent pages, imprimé à Roüen en 1587. intitulé *Les triomphes de l'Abbaye des Cornards, sous le nom de Réveur des Décimes fagot Abbé des Cornards, contenant les Criées & Proclamations faites depuis son avenement jusqu'à l'an present. Plus, l'ingenieuse lessive qu'ils ont conardement montrée aux jours gras en l'année M D X I. Plus, le Testament d'Oviuet, de nouveau augmenté par le Commandement dudit Abbé, non encore vû. Plus, la Létanie, l'Antienne, & l'Oraison faite en sa dite Maison Abbatiale en l'an* 1580

(*l*) V. Mercure de France *Juin* 1725. *pag.* 1108. & Glossarium ad Scriptores Mediæ & Infinæ latinitatis, *Tom.* 2. *pag.* 24. au mot *Abbas Conardorum seu Cornardorum*, Edit. 1733. V. pareillement le 13. Arrêt d'Amour, & le *Tom. IV. pag.* 546. des Superstitions par *Thiers*.

,, Conards ou Cornards, c'est-à-dire des Chansonniers, diseurs de
,, bons-mots, plaisanteries &c. sur ce qui s'étoit passé pendant
,, l'année dans la Ville, qui pouvoit donner lieu à la médisance,
,, à la Satire &c. Cela s'appelloit *Facetia Conardorum*.

,, LES Conards avoient droit de Jurisprudence pendant le tems
,, de leurs divertissemens, & ils la tenoient à Evreux dans le lieu
,, où se tenoit alors le Balliage, lieu qui a changé depuis l'éta-
,, blissement du Présidial. Tous les ans ils obtenoient un Arrêt
,, sur Requête du Parlement de Paris, avant l'établissement de
,, celui de Rouën ; & de celui de Rouën depuis le XVI. siecle,
,, pour exercer leurs facéties. C'étoit entr'eux à qui seroit l'Ab-
,, bé des Conards. Ils briguoient, & se supplantoient les uns les
,, autres. Enfin la pluralité des suffrages l'emportoit.

,, VOICI deux Vers de ce tems-là, qui prouvent ce que je
,, viens de dire, & nous font connoître deux familles, qui subsis-
,, tent encore aujourd'hui dans nôtre Ville & dans le Païs, lesquel-
,, les ont fourni des Abbés à la Compagnie.

,, Cornards sont les Busots, & non les Rabillis.
,, *O fortuna potens, quam variabilis !*

,, ON menoit promener Monsieur l'Abbé par toutes les Rues
,, de la Ville, & dans tous les Villages de la Banlieüe, monté sur
,, un Ane, & habillé grotesquement. On chantoit des Chansons
,, burlesques pendant cette marche, dont voici quelques couplets :

,, De Asino bono nostro
,, Meliori & optimo
,, Debemus *faire Fête.* *
,,  *En revenant* de Gravinariâ,
,, *Un gros chardon* reperit in via,
,, *Il lui coupa la tête.*

,, Vir

* Dans le Glossaire de Du Cange au mot *Festum Asinorum* on trouve des choses fort cu-
rieuses sur cette ridicule Fête.

,, Vir Monachus in menſe Julio
,, Egreſſus eſt è Monaſterio,
,, *C'eſt Dom de la Bucaille.*
,, Egreſſus eſt ſine licentia,
,, *Pour aller* voir Dona Veniſſia,
,, *Et faire la ripaille.*

,, Il eſt inutile, Monſieur, de vous dire davantage de ces cou-
,, plets, que nous entendons encore chanter à nos bonnes gens.
,, Ils regardent tous quelques perſonnes de la Ville, ou quelque
,, lieu particulier, dont la connoiſſance ne ſe peut avoir qu'ici.

,, *Gravinaria*, par exemple, ſignifie Gravigny, Terre aujourd'hui
,, du Faux-bourg Saint Leger d'Evreux, dont les Chartreux de Gail-
,, lon ſont Seigneurs & Patrons. *Dom de la Bucaille* étoit un Prieur
,, de l'Abbaye de Saint Taurin, lequel au gré des Conards, rendoit
,, de trop fréquentes viſites à la Dame de Veniſſe, pour lors Prieu-
,, re de l'Abbaye de Saint Sauveur de la même Ville, dont le nom
,, ſe trouve dans le Nécrologe de cette Abbaye. Cela ne veut pas
,, dire cependant que ces deux perſonnes cauſaſſent du ſcandale, &
,, fuſſent répréhenſibles. Ces Cenſeurs publics n'épargnoient qui
,, que ce ſoit, & la vertu même étoit auſſi ſouvent maltraitée que
,, le vice, tant ils ſe donnoient de licence; licence qui alla toujours
,, en augmentant; car des bouffonneries, on paſſa aux impietés, à
,, des débauches inſolentes & ſcandaleuſes, que permettoit le liber-
,, tinage d'un jeu, qu'on apelloit le *Jeu des Foux*, & qui étoit u-
,, ne imitation trop exacte de la Fête des Foux qui a duré long-
,, tems dans pluſieurs Villes, comme vous ſavez.

,, Un ancien Regiſtre du Préſidial de cette Ville, m'a beaucoup
,, inſtruit ſur cette matiere : il m'a auſſi édifié ; car j'y trouve la con-
,, damnation & l'abolition de la Compagnie & des égaremens en
,, queſtion. Voici un endroit de ce Régiſtre qui mérite d'être ra-
,, porté. On y lit ces paroles : *Enſuivent les Charges de la Confrai-*
,, *rie de Monſeigneur Saint Bernabé, Apôtre de N. S. J. C. crééé,*

G 3

,, &

,, *& inftituée par* R. P. *en Dieu,* Paul de Capranie, *au nom de Dieu,*
,, *nôtre Créateur, & d'icelui,* Monfieur Saint Bernabé, *en délaiffant*
,, *une derifion, & une honteufe Affemblée, nommée la Fête aux Cor-*
,, *nards, que l'on faifoit le jour d'icelui Saint, & enfuivent les Ordon-*
,, *nances ainfi faites,* &c. *La dite Confrairie de nouvel fondée & cé-*
,, *lébrée en l'Hôtel-Dieu de la Ville d'Evreux, en forme de converfion,*
,, *pour adnuler, & mettre à néant certaine derifion, difformité, & infamie,*
,, *que les gens de Juftice, Juges & autres de la dite Ville commettoient*
,, *le jour de Monfieur Saint Bernabé, qu'ils nommoient l'Abbaye aux*
,, *Cornards, où étoient commis plufieurs maux, crimes, excès ou mal fa-*
,, *çons, & plufieurs autres cas inhumains, au deshonneur & irrévéren-*
,, *ce de Dieu nôtre Créateur, de St. Bernabé, & Sainte Eglife.*

,, PAUL DE CAPRANIE dont il eft parlé ici, étoit un Ita-
,, lien, Secretaire & Camerier du Pape *Martin V.* Frére du Cardi-
,, nal Dominique *de Capranica, &c.* Voyez le troifieme Tome des
,, Oeuvres mêlées de Monfieur *Baluze,* où il raporte l'oraifon fu-
,, nébre de ce Cardinal, faite par Baptifte Poggio, le fils. PAUL,
,, Frere du Cardinal, fut nommé à l'Evêché d'Evreux l'an 1420.
,, par le Pape, à caufe que le Chapitre avoit différé l'élection de
,, plus de deux ans, après la mort de Guillaume de Cantiers.

,, VOILA, Monfieur, ce que j'ai à vous dire fur le terme d'Ab-
,, bas Conardorum &c.

,, TAILLEPIED dans fon livre *des Antiquités & fingularités*
,, *de la Ville de Rouën,* dit, que dans cette Ville les Conards avoient
,, leur Confrairie à Nôtre Dame de Bonnes-Nouvelles, où ils a-
,, voient un Bureau, pour confulter de leurs affaires. Ils ont fuc-
,, cedé, dit-il, aux COQUELUCHIERS, qui fe préfentoient le
,, jour des Rogations, en diverfité d'habits. Mais parce qu'on s'a-
,, mufoit plûtôt à les regarder, qu'à prier Dieu, cela fut refervé
,, pour les jours gras, à ceux qui joüent des faits vicieux, qu'on
,, apelle vulgairement *Conards,* ou *Cornards,* auxquels, par choix
,, & élection, préfide un Abbé Mitré, Croffé, & enrichi de perles,
quand

,, quand folemnellement il eft trainé en un Chariot à quatre Che-
,, vaux, le Dimanche gras, & autres jours de Bachanales.

REVENANT à la Mére-folle, ou à l'Infanterie Dijonnoife,
dont nous nous fommes un peu écartez, c'étoit une Compagnie
compofée de plus de cinq cens perfonnes de toute qualité ; Officiers du Parlement, de la Chambre des Comptes, Avocats,
Procureurs, Bourgois, Marchands, &c.

JE ne puis donner une plus jufte idée de cette Societé, que par
les paroles fuivantes de *Mr. De la Marre* :

# REMARQUES SUR LA SOCIETE'

## de la Mére-Folle de Dijon.

*De Stultorum Sodalitate Divionenfi Autore Domino
Philiberto Lamarræo, Senatore Divionenfi.*

FLOREBAT olim apud nos amæniffimus quorumdam Divio-
nenfium Conventus, hujus Societatis titulus, *Mater Stultorum*,
erat : cui nomen fuum aliquando dedere Viri Principes, Magnates
atque etiam ex Ordine facro, ac Senatorio nonnulli, viri alioquin
graves atque eruditi.

UT obfcura funt omnia penè rerum principia, ita quo tempore
nata fit illa Societas, non liquet : Vetuftam tamen illi effe origi-
nem, hinc conjicere licet, quod annos ante ducentos fuper triginta
Philippi Burgundiæ Ducis, cognominati, & reverà boni, autorita-
te confirmatam fuiffe, publicis tabulis, quæ apud me fervantur,
conftet, quas vero videre eft pag. 74. ( *e* )

ETSI conviviis primo indulgeret Societas hæc ad bonam pofteà
fru-

(*e*) Vide inferiùs ejus fcfti confirmationem per Philipp. Bonum, ( cujus Diploma a-
pud Lamarræum ) & per D. D. d'Amboife Epifc. Lingon. & de Baudricourt, Gubernat.
Burgund. pag. 79.

frugem converfa, pravis hominum moribus emendandis vacabat
poftea : adeò ut fi quis deliquiffet, is feverâ, ac publicâ Cen-
furâ proximis Bacchanalibus exciperetur......... Si quæ virgo, fe-
xus fui verecundiam oblita, pari contumeliâ ( innominata tamen )
corriperetur.

E t, ut inter homines nihil reputatum ineptiùs, quam de re in-
certa fpondere; ideò jure quodam veteri ( cujus principium non
exftat ) ftatutum fuerat, ut fponfiones, qualefcumque effent, in
communem Societatis Stultorum ufum cederent....... Quam-
obrem ut primùm innotuerat fponfiones aliquas Titium inter atque Mævium initas fuiffe, pœnitentiæ locus daretur, ad Fiscali Vi-
ridis ( id publici Actoris nomen erat ) poftulatum pignoris pretium
ac fecialium altero affignabatur, Stultorum Societati adjudicandum
finitâ fponfione.

H is, quæ fuprà, breviter decurfis, ad Equeftrem focietatis Pompam venio, non quotannis tantum haberi maximo apparatu foli-
tam; fed quoties Regum, & Regii fanguinis Principum, ac etiam
Proregum Connubia, Natales, & in Burgundiæ Metropolim folem-
nes introitus celebrabantur, tunc convocati in ampliffimum cœ-
naculum Socii à fecialibus de Republica dicebant. Quique fericeâ
vefte tricolori induti, viridi, rubrâ & croceâ, auro, argento-
que fupertextâ, eâ vero lege in his congreffibus fermonem habe-
bant, ut nulli, nifi carmine, proloqui liceret....... Tum, quæ
cœteris præerat, Stultorum Mater, orfa loqui, fententiam ab ad-
ftantibus rogabat ( ad ritum Prifci Senatus). Refpondebant finguli
ad propofita, diesque dictus, quo convenerint ad pompam, lec-
tis in provincia Equis vecti, Triumphale Spectaculum præcedebant
fex Tubicines, dein Stipatores centum Helvetii, Galli totidem
centum, tum Catapultariorum turma fequebatur.

L e but de cette Societé, dont nous raporterons plus au long les
Occupations & les Statuts, étoit la joye & le plaifir. La ville de
Dijon, dit le P. *Meneftrier* ( f ) qui eft un pays de vendanges &
de

_________

( f ) Voy. Repréfentations en Mufique, Anciennes & Modernes, *pag.* 52.

de Vignerons, a vû long-tems des fpectacles. . . . . . . . . qu'on nommoit *la Mere-Folie,* Ces Spectacles fe faifoient tous les ans au tems
du Carnaval, & les perfonnes de qualité, déguifées en Vignerons,
chantoient fur des Chariots des Chanfons & des Satires, qui é-
toient comme la Cenfure publiqu e des Mœurs de ce tems-là. C'eft
de ces chariots à Chanfons, & à Satires, que vint le Proverbe latin des chariots d'injures , *Plauftra injuriarum.*

CETTE Compagnie, comme nous l'avons déja dit, fubfiftoit
dans les Etats du Duc PHILLIPPE LE BON avant 1454. puifque
l'on en voit la Confirmation accordée cette même année par ce
Prince, en ces termes :

# MANDEMENT

## DU DUC PHILIPPE

*Pour la Fête des Foux.*

PHELIPPES, par la grace de Dieu,
Duc de Bourgoigne, ce bon lieu,
De Lothier, Brabant, & Lambourg,
Tenant à bon droit Luxembourg,
Comte de Flandres, & d'Artois,
Et de Bourgoigne, qui font trois,
Palatin de Hainault, Hollande,
Et de Namur, & de Zélande :
Marquis du Saint Imperial,
Seigneur de Frifes, ce fort Val,
De Salins, & puis de Malines,
Et d'autres terres, près voifines.
A tous les prefens qui verront,
Et ceux à venir qui orront
Ces nos Lettres, fçavoir faifons,
Que nous, l'humble Requête avons

H

Reçuê

Reçue du haut-Bâtonnier
Qu'eſt venu ſus des avanthier
De nôtre Chapelle à Dijon,
Contenant que par méprifon,
Ou par faute de bien garder,
Aucuns envieux pour troubler
Des Foux joyeux la noble Fête,
Ont, long-tems a, mis à leur tête
De la toute ſus abolir,
Qui feroit moult grand déplaifir
A ceux qui ſouvent y fréquentent,
Et de Cœur & de Corps l'augmentent,
Et ont ravi furtivement,
Ou au moins on ne ſait comment,
Et mis au néant le Privilège  (a)
En quoi n'avoit nul fortilège;
Mais étoit joyeuſe Folie,
Le plus triſte, ſi qu'on en rie,
Ce qui ne ſe peut recouvrer,
Sans par nous de nouvel donner
Sur ce notre Commandement,
Ou à tout le moins Mandement,
Qui contiegne permiſſion,
Ou nouvelle Fondation,
Pour deformais entretenir
La dite Fête ſans faillir:
Dont humblement il nous requiert,
Et car c'eſt raiſon ce qu'il quiert,
De Legier lui avons paſſé,
Et conſenti, & accordé,
Et par ces preſentes paſſons,
Voillons, conſentons, accordons,
Pour nous, & pour nos Succeſſeurs,

Des

______

(a) Ces vers nous apprennent qu'il y avoit eu des Lettres antérieures qui établiſſoient, ou qui confirmoient cette Societé.

Des lieux ci-deſſus dits, Seigneurs,
Que cette Fête célébrée
Soit à jamais un jour l'année,
Le premier du mois de Janvier :
Et que joyeux Fous ſans dangier,
De l'habit de nôtre Chapelle,
Faſſent la Fête bonne & belle,
Sans outrage ou dériſion,
Et n'y ſoit contradiction
Miſe par aucun des plus ſaiges;
Mais la feront les Foux volaiges,
Doucement tant qu'argent leur dure,
Un jour ou deux; car choſe dure
Seroit de plus continuer,
Ne les frais plus avant bouter
Par leurs finances qui décroiſſent,
Lors que leurs dépenſes accroiſſent.
Sy mandons à tous nos Sujets,
Qu'en ce ne ſoient empêchiez :
Ains les en ſeuffrent tous joïr
Paiſiblement à leur plaiſir.
Donné ſous nôtre Scel ſecret
Et en l'abſcence du Decret
De nôtre étroit & grand Conſeil,
Le jour Saint Jehan un Vendredy,
Devant diner après Midy
De Décembre vingt-ſeptieme,
Des heures quaſi la deuxieme,
Avec le ſeing de notre main,
Qu'y avons mis le lendemain,
Sans plus la matiere débattre,
Mil quatre cent cinquante quatre.

Cette Piece eſt ſcéllée du Sceau du Duc, en cire verte, avec
Lacs de Soye rouge, verte & clinquant.

H 2  CONFIR.

# CONFIRMATION

### De la Fête aux Foux, (*b*) en 1482.

*Par* JEAN D'AMBOISE, *Evêque & Duc de Langres, Pair de France, & Lieutenant en Bourgogne, & du Seigneur de* BAUDRICOURT, *Gouverneur.*

NOus, Jean d'Amboise, Evêque, Duc de Langres,
En Bourgogne Lieutenant, Pair de France,
Et Jean aussi de Baudricourt, Seigneur
Au dit Pays, Régent & Gouverneur,
Sçavoir faisons, qu'est venu en personne
Guy Barofet, honorable & sage homme ;
Protonotaire & Procureur des Foux,
En préfence de plusieurs & de tous,
Nous remontrer par expofition,
Que puis les tems de l'Incarnation
Mil quatre cent avec cinquante quatre,
Le Duc Phelippe, fans conclure ou débattre
Lettres patentes de Déclaration
Leur octroya & de provision
Lefquelles nous a ce jourd'huy montrées
Saines, entieres, & en rien vitiées
A ces prefentes fous nôtre Scel fixées
Et fous fon Scel, & de fon Seing fignées,
Par lefquelles il a puiffance donnée
Et octroyé de fa permiffion,
Que tous les Foux de la profeffion
De l'Eglife, & qui auront l'habit
De la Chapelle, pourront fars contredit
Au premier jour qui fera de l'année
Faire la Fête, & porter la livrée

Du

(*b*) L'Original de cette Piece fe voit au Tréfor de la Sainte Chapelle du Roi, à Dijon.

Du Bâtonnier qui fera fon édit,
Se nonobftant aucun Fou par dépit
A ce cas là veuille contrevenir,
Et s'efforce de vouloir maintenir
Au préjudice, même pour vitupére
Le Bâtonnier & tous fes vrais fuppots,
Qui n'eft pas chofe qui fe doive endurer,
Et mêmement un nommé Préfo,
Par ce moyen venant directement
Contre l'Octroit, auffi le Mandement
Du feu bon Duc, requerant humblement
Avoir de nous quelque provifion,
En enfuivant la Déclaration,
Qu'a fait le Roy (c) par fa lettre écrite
Que tous Edits fait par le dit Phelippe
Seront tenus en leur force & vigueur.
A ce moyen, lui, comme Procureur,
Sy nous a fait la fuplication
Que voulziffion par corfirmation
Autorifer la licence avant dite,
Octroiée par le Bon Duc Phelippe
Enfemble auffi & tout le contenu ;
Pourquoi, le tout confideré & vû
De point en point affés a apparu
Du Mandement auffi de la teneur
Par le pouvoir qu'avons du dit Seigneur
De point en point fans recitation
Avons donné la confirmation
Du Mandement, auffi du privilège
( Pour les dits Foux, & non point pour les faiges )
En déclarant par exprès nos corraiges,
Que nous voulons, que felon leurs ufaiges,
Et à tels jours qu'ils ont ci-devant pris,

H 3

Ils

(c) Le Roi Louis XI. qui fe rendit Maitre de la Bourgogne après la mort du dernier Duc Charles le Hardi, tué devant Nancy le 5. Janvier 1477.

Ils joüffent, fans en être repris :
Et en ceci voulons être compris,
Ceux qui feront de la dite Chapelle
Et non autres, car s'aucuns font furprins
Contrevenans, nous voulons qu'ils foient prins,
Et qu'ils amendent, nonobftant leur Appel,
Au qué Appel ne voulons differer ;
Car c'eft raifon de iceux préférer,
Qui de tout tems ont eu la jouiffance,
Le Bâtonnier, ne ceux de l'Alliance ;
Car nous voulons ce Mandement en ce
Eftre guidé par tout en toute fin,
Et pour cela que nous fommes enclins,
Que la chofe foit à tous publiée,
Nous ordonnons celle être fignifiée
Aux carrefours où l'on fait cry publique
Afin qu'à tous fi foit notifiée
Et que de nul ne puiffe être ignorée,
De tout en tout l'avons autorifée ,
Et demeure pour édit Authentique
En commandant à tous Officiers,
Baillifs, Majeurs, Prevôts, Jufticiers,
Qu'en ce fait cy diligemment entendent ,
Et contre tous les Suplians défendent,
En leur baillant aide, & auffi confort,
Si befoin eft, qu'en nous en foit l'effort,
Et tellement qu'ils en deviennent Maîtres,
Ainfi nous plaît, & tel le voulons être.
Donné par nous, au Confeil de la Chambre,
Deux quatre vingt & mille & quatre cent.
Ainfi figné, d'Amboife, Duc de Langres,
Et Baudricourt, le jour des Innocens.

Au bas font les Seings du dit Seigneur Evêque & Duc de
Lan-

Langres, & du Seigneur de Baudricourt, à double Scel pendant
à queuë de parchemin en cire rouge.

CETTE Compagnie ( *d* ) étoit compofée d'Infanterie. Ils tenoient ordinairement leurs Affemblées dans la falle du jeu de Paume de la *Poiffonnerie*, à la requifition du Procurenr fifcal, ou *Fifcal
verd*, comme il paroit par les Billets de Convocation, compofez
en vers Burlefques, & les trois derniers jours du Carnaval, où
ils portoient des habillemens déguifés & bigarez de couleur verte,
rouge, & jaune; un bonnet de même couleur à deux pointes, ou
deux cornes avec des Sonnettes, & tenoient en main des Marotes
ornées d'une Tête de Fou.

LES Charges & les Poftes étoient diftinguez par la différence
des habits; & cette Compagnie étoit commandée par celui des
affociés qui s'étoit rendu le plus recommandable par fa bonne mi-
ne, fes belles manieres & fa probité, & qui étoit choifi par la Societé, lequel s'apelloit *la Mere-folle*. Il avoit toute fa Cour comme un Souverain, fa garde Suiffe, & fes gardes à Cheval, fes Officiers de Juftice & de fa Maifon, fon Chancelier, fon Grand E-
cuyer, & toutes les autres Dignités de la Royauté.

LES Jugemens *( e )* qu'ils rendoient s'exécutoient nonobftant
l'appel qui fe relevoit directement au Parlemen. On en trouve un
exemple dans un Arrêt de la Cour du 6. Fevrier 1579. qui con-
firme un pareil Jugement.

L'INFANTERIE qui étoit de plus de deux cens hommes,
portoit un Guidon ou Etendart dans lequel étoient peintes des
têtes

_______

( *d* ) L'Hiftoire de Cambray & Cambrefis, *Tom.* I. *pag.* 178. porte, que les Révoltez
des Pays-bas du tems de Philippe II. Roi d'Efpagne, firent porter à leurs gens des li-
vrées de drap noir, avec des têtes de Foux dans des Marottes faites avec l'aiguille fur
les manches pendantes des Cafaques, pour defigner le Cardinal de Granvelle.

( *e* ) Dans le 16. Regiftre des Arrêts du Parlement du Duché de Bourgogne, on trouve un Arrêt du 6. de Fevrier 1539 qui mérite d'être lû. *Ibidem*, *Fol.* 57. *Verfo* 1539 du
même Régiftre, on trouve un Arrêt fur le fait de la recette & depenfe de la Fête des
Foux.

têtes de Foux fans nombre, avec leurs chaperons, & plufieurs bandes d'or, & pour divife: *Stultorum infinitus eft numerus.*

ILS portoient un Drapeau à deux flammes de trois couleurs, rouge, verte & jaune, de la même figure & grandeur, que celui de nos Ducs de Bourgogne, au corps duquel étoit dépeinte une Femme affife, vetuë pareillement de trois couleurs, rouge, verte & jaune, ayant en fa main une Marotte à Tête de Fou, & un Chaperon en tête à deux cornes avec une infinité de petits Foux coëffez de même, qui fortoient par deffous, & par les fentes de fa jupe, avec de pareilles bandes dor; & une devife pareille à celle de l'Etendart, & garni autour de franges rouges, vertes & jaunes.

LES lettres Patentes qui étoient expédiées à ceux que l'on y recevoit, étoient fur parchemin, écrites en lettres des trois couleurs, avec un Sceau de cire auffi des trois couleurs, dans lequel étoit empreinte la figure d'une Femme affife, portant un Chaperon en tête, avec une Marotte en main, avec la même Infcription qu'à l'Etendart. Il étoit attaché aux Lettres avec un Cordon de Soye rouge, verte & jaune, & elles étoient fignées par le Griffon verd, comme Greffier.

QUAND ils s'affembloient pour manger enfemble, chacun portoit fon plat. La Mere-folle avoit cinquante Suiffes pour fa garde; C'étoient des plus riches Artifans de la Ville, qui ne refufoient pas d'en faire la dépenfe, lors que l'occafion s'en prefentoit. Ces Suiffes faifoient garde à la porte de la Salle de l'Affemblée, & accompagnoient la Mere-folle à pied, à la referve de leur Colonel, qui montoit à Cheval, auffi bien que les Officiers de l'Infanterie, quand elle marchoit.

LORS que la Compagnie marchoit dans les occafions Solemnelles, c'étoit avec de grands Chariots peints, trainez chacun par fix Chevaux caparaffonez, & avec des couvertures des trois cou-

leurs,

leurs, conduits par leur Cocher & leur poſtillon, vêtus de même. C'étoit ſur ces chariots qu'étoient ceux qui recitoient des vers Bourguignons, habillez comme le doivent être les perſonnages qu'ils repréſentoient.

La Compagnie marchoit en ordre avec ces chariots par les plus belles ruës de la Ville, & les Poëſies ſe recitoient devant le logis du Gouverneur, enſuite devant la Maiſon du Premier Préſident du Parlement, & enfin devant celle du Maire : tous marchant en bon ordre, maſquez, & avec leurs habits de trois couleurs, ſuivant leurs Offices.

Quatre Heraults avec leurs Marottes, marchoient en tête devant le Capitaine des Gardes, après lequel venoient les Chariots, & la Mere-folle enſuite, précédée de deux Heraults, & montée ſur une haquenée blanche. Elle étoit ſuivie de ſes Dames d'atour, de ſix Pages, & de douze Laquais, après leſquels ſuivoit l'Enſeigne ; puis ſoixante Officiers, les Ecuyers, Fauconniers, Grands Veneurs & autres. A la fin marchoit le Guidon ſuivi de cinquante Cavaliers, & à la queuë le Fiſcal verd, & ſes deux Conſeils, habillez comme lui ; puis les Suiſſes qui fermoient la Marche.

La Mere-folle montoit quelquefois ſur un Chariot fait exprès, tiré par deux Chevaux ſeulement, lorſqu'elle étoit ſeule : toute la Compagnie précédoit & ſuivoit alors ce Char en bel ordre. D'autrefois on y mettoit dix ou douze Chevaux richement capparaſſonnez, lors qu'on avoit conſtruit ſur les chariots un Théatre capable de contenir, avec la Mere-folle, des Acteurs habillez ſuivant la Cérémonie, leſquels recitoient aux coins des ruës des Vers François & Bourguignons conformes au ſujet. Une bande de Violons & une troupe de Muſiciens étoient ſur ce Théatre.

S'il arrivoit dans la Ville quelque événement ſingulier, comme larcins, meurtres, Mariages bizarres, ſeduction du Sexe, &c. pour

I

lors

lcrs le Chariot & l'Infanterie étoient fur pied, & l'on habilloit une perfonne de la troupe, de même que ceux à qui la chofe é-toit arrivée, lefquels on repréfentoit au naturel ; & c'eft ce qu'on appelloit, faire marcher la Mere-folle, ou l'Infanterie Dijonnoi-fe.

Si quelqu'un reçu dans la Compagnie, s'en abfentoit, il de-voit aporter une excufe légitime, finon il étoit condamné à une amande de vingt Livres. Perfonne n'y étoit reçu que par la Me-re-folle, & fur les conclufions du Fifcal verd. On expédioit en-fuite au nouveau reçu des Provifions en la forme que nous allons dire cy-après, pour lefquelles on payoit une piftolle.

Quand quelqu'un fe préfentoit pour être admis dans la Com-pagnie, le Fifcal lui faifoit des queftions en rime. Il étoit affis, & le Récipiendaire debout en préfence de la Mere-folle, & des principaux Officiers de l'Infanterie, devoit auffi répondre en rimes, & avec ingenuité, finon on differoit fa réception. S'il étoit de condition, ou d'un rang diftingué, il répondoit affis.

Etant reçu, on lui donnoit les marques de Confrere, en lui mettant fur la tête le Chaperon de trois couleurs, & on lui affignoit des gages fur des droits imaginaires, ou qui ne produi-foient rien, comme on le verra par quelques Lettres de réception, inferées cy-après.

Si quelqu'un qui n'étoit pas de la Compagnie, avoit mal parlé d'Elle, ou fait tort à quelqu'un de fes Membres, il étoit cité par devant la Mere-folle, qui le condamnoit pour fa punition, tantôt à boire plufieurs verres d'eau, ou à d'autres femblables peines, & quelquefois même à de plus grandes, tantôt enfin à une Amende pécunicaire ; & fi le coupable refufoit de comparoitre ou de fubir la peine ordonnée, on envoyoit chez lui en Garnifon, fix Gardes de la Mere-folle, qui fe faifoient régaler fplendidement par le plus prochain Traiteur, jufqu'à ce qu'il eut fatisfait : On défendoit

les

les Tapifferies, & on vendoit fes Meubles, & le tout fans modé-
ration, ni appel. Tandis que l'on portoit ces fortes de Jugemens,
les Heraults accompagnoient la Mere-folle , avec leur Marotte
en main, & les Suiffes avec leur hallebarde ; la Mere-folle a-
vec fon Confeil, tous le Chaperon en tête, la premiere affife dans
fon fauteuil à bras, avec une houffe de Satin des trois couleurs,
& le refte des Officiers de fon Confeil fur des formes de même
couleur.

ON lit dans la Rélation ( *a* ) de ce qui s'eft paffé à Dijon à
la Naiffance du Roi LOUIS XIV. un paffage qui nous fournit
une idée de la Mere-Folie. Le voici : „ L'Infanterie Dijonnoi-
„ fe, que la douceur de la paix a dès long-tems élevée dans une
„ honnête licence à une récréation publique, parut alors dans fon
„ luftre , & étoit compofée de plus de quatre cens hommes à Che-
„ val mafquez, en habits de diverfes couleurs, & fit entendre les
„ Rimes Bourguignonnes fur le fujet de cette heureufe Naiffan-
„ ce. "

( *Confuevere Jocos noftri quoque ferre Triumphi.* )

IL y avoit pour lors de bons Efprits à Dijon , qui s'occu-
poient à la Poëfie Françoife, & à la Poëfie Bourguignonne, comme Mr. *Legoux de Vellepelle* , Avocat Général au Parlement ;
& MM. *Lambert, Richard, Malpoix, Pérard, Brechillet, Nicolas,
Godran & Morifot*, Avocats. &c.

LE dernier Capitaine des Gardes de la Mere-folle, a été Mr.
le Chevalier *Quarré*, & fon Lieutenant étoit Mr. *Desbarre*, vulgairement appellé le Capitaine *Fracaffe*. Le dernier Porte-Enfei-
gne fut le Sieur *Carrelet*, premier Huiffier du Parlement.

LE dernier qui a occupé la place de Chef de l'Infanterie , ou

I 2

Mere-

---

( *a* ) Recit de ce qui s'eft paffé en la Ville de Dijon pour l'heureufe Naiffance de
Monfeigneur le Dauphin ( Le Roi Louis XIV. ) 1638. Dijon, Pierre Palliot in 4°. Ce
paffage fe trouve à la *pag.* 15. de la *Relation.*

Mere-folle , a été le Sieur *Philippe Des Champs* , Procureur du Parlement & Sindic des Etats de Bourgogne ; Il étoit honoré de la protection de Mr. le Duc de *Bellegarde* , Gouverneur de la Province, & chéri de tous les honnétes gens. Il avoit succédé en cette place au Sieur *Jean Baudouin* , son Beaupere, aussi Sindic des Etats, qui pour sa probité & son intelligence dans les affaires, fut choisi & député de tous les Habitans auprès du Roi HENRI IV. après la Bataille de Fontaine-Françoise, pour féliciter Sa Majesté & l'assurer de leur fidélité. Le Roi lui ayant trouvé beaucoup d'Esprit, lui fit l'honneur de lui parler quelquefois pendant la route.

APRES la mort du Sieur *Baudouin* , le Sieur *Des Champs* épousa *Marguerite Baudouin* sa fille, & fut choisi par les Suffrage unanimes de la Compagnie , Mere-folle, ou Chef de l'Infanterie Dijonnoise.

J'AI dit plus haut, que cette Compagnie comptoit parmi ses Membres des personnes de la première distinction. En voici des preuves dans leurs Actes de Réception.

## ACTE DE RECEPTION

*De* HENRI DE BOURBON, *Prince de Condé, Premier Prince du Sang , en la Compagnie de la Mere-folle de Dijon , l'an 1626.*

LES Superlatifs , Mirelifiques , & Scientifiques Loppinans de l'Infanterie Dijonnoise , Régens d'Apollo & des Muses : Nous légitimes Enfans figuratifs du vénérable Pére Bon-Tems & de la Marotte ses Petits-fils , Neveux & arriére Neveux, rouges, jaunes , verts, couverts, découverts, & forts en gueule ; A tous Foux , Archifoux , Lunatiques , Hétéroclites , Eventez, Poëtes de nature, bizarres, durs & bien mols, Almanachs vieux & nouveaux, passez, présens & à venir ; *Salut* : Doubles Pistoles, Ducats

cats & autres Efpèces, forgées à la Portugaife, vin nouveau fans aucun malaife; Sçavoir faifons, & chelme qui ne le voudra croire, que Haut & Puiffant Seigneur *Henri de Bourbon*, Prince de Condé, Premier Prince du Sang, Maifon & Couronne de France, Chevalier &c. à toute outrance, auroit S. A. ( *b* ) honoré de fa préfence les feflus & goguelus Mignons de la Mere-folle, & daigné requerir en pleine Affemblée d'Infanterie, être immatriculé & recepturé, comme il a été reçu & a été couvert du Chaperon fans pareil, & pris en main la Marotte, & juré par elle, & pour elle Ligue offenfive & deffenfive, foutenir inviolablement, garder & maintenir Folie en tous fes points, s'en aider & fervir à toute fin, requerant Lettres à ce convenables : A quoi inclinant, de l'avis de nôtre très redoutable Dame & Mere, de nôtre certaine fcience, connoiffance, puiffance & autorité : Sans autre information précédente à plein confiant de S. A. avons icelle avec allegreffe par ces prefentes, *hurelu , berelu*, à bras ouverts & decouverts, reçu & impatronifé, le recevons, & impatronifons en notre Infanterie Dijonnoife, en telle forte & maniere, qu'elle demeure incorporée au Cabinet de l'Intefte, & généralement, tant que Folie durera, pour par Elle y être, tenir & exercer à fon choix telle charge qu'il lui plaira, aux Honneurs, Prérogatives, Prééminences, Autorité & Puiffance, que le Ciel, fa Naiffance & fon Epée lui ont acquis. Prêtant S. A. main forte, à ce que Folie s'éternife, & ne foit empéchée, ains ait cours, & decours, débit de fa marchandife, traffic & commerce en tout pays, foit libre par tout, & en tout privilegiée. Moyennant quoi , il eft permis à S. A. ajouter fi faire le veut, folie fur folie, franc fur franc, *antè, fub antè, per antè*, fans intermiffion, diminution , ou interlocutoire que le branle de la machoire ; & ce aux gages & prix de fa valeur, qu'avons affignez & affignons fur nos Champs de Mars & dépouilles des Ennemis de la France , qu'elle levera par fes mains, fans en être comptable. Donné & fouhaité à S. A.

I 3 A

---

( *b* ) En ce tems-là les Princes du Sang, pas même Monfieur le frere du Roi, ne prenoient le titre d'Alteffe Sereniffime : Ce ne fut que Vers 1630. que Monfieur frere du Roi Louis XIII. prit la qualité d'Alteffe Sereniffime, & enfuite celle d'Alteffe Royale.

A Dijon, où elle a été
Et où l'on boit à Sa fanté
L'an fix cent mil avec vingt fix,
Que tous les Foux étoient affis.

Signé par Ordonnance des redoutables Seigneurs Buvans &
Folatiques, & contre figné, DES CHAMPS Mére, & plus bas
le GRIFFON VERD.

# ACTE DE RECEPTION

### De M. le Comte d'HARCOURT.

L'AN mil courant après celui Climaterique de la Rocelle, au
mois où les volailles font de faifon, les Enfans de par Mere
Mirelifiques, & Superlatifs Loppinans de l'Infanterie ; A tous Foux,
Archifoux, Lunatiques, Vieux & Nouveaux Almanachs, fans Ca-
lendriers, Paffavans, fans Arrêts, préfens, futurs, & à venir ; *Sa-*
*lut* : Bifque, Ducats à cent têtes, Ecus, contre Ecus à piftollet ;
Sçavoir faifons, que le vaillant Comte d'HARCOURT, genereux
& guerrier,

Aimé de tous, chéri des Dames,
Pour l'heureux fuccès de fes armes,
Et fidèle fervice rendu
A fon Roi par lui, & combattu
Contre l'Anglois le Rochelois ;
Encore plus aimé mille fois,
Qu'il eft franc Bourguignon François ;
Qu'il va au coup comme à la Fête,
A pris de nous le Chaperon en tête,
Et juré fur la Marotte,
De ne quitter jamais la botte,
Qu'il n'ait mis la Folie au deffus.
Si lui donnons Mandement & pouvoir,
Ainfi qu'il eft de fon vouloir,
D'établir dedans l'Angleterre,

La

La Secte Folle fumeterre ;
Malgré les Fondateurs des lieux
Qui s'apellent Battus bleux ,
Pour avoir été battus dans la France ,
Rebattus à outrance ,
Et dans leur parti tant de morts ,
Qui feront autant de Recors
De la Folie d'Angleterre ,
Qui est venu groffir la terre ,
Et les Champs de l'Ile de Rhé ,
Où on leur a caffé du gré.

Si avons icelui Comte empaqueté & empaquetons , inscrit & inscrivons au Livre infini fans définition , force de Livres & Chapitres , incorporé & incorporons au nombre des nombres à millions , des Enfans de notre redoutable Mere , & par ces préfentes , *hurelu* , *berelu* , avons impatronifé & impatronifons icelui Seigneur & Prince en l'Infanterie Dijonnoife , dérogeant à la Gregibize , mis & introduit au plus fecret & étroit Cabinet de l'Intefte , tant, fi long-tems , & pour toujours que Folie durera & prendra cours , pour en icelle Infanterie choifir , rechoifir , fans quitter telle charge qu'il lui plaira , avant & après l'Etabliffement fait par lui dans la grande Brétagne de la Fête des Battus bleux , prendre tels Honneurs , Prérogatives , Privilèges & Prééminences , Autorité & Puiffance , dedans & hors le Royaume , & par toute notre étendüe au delà des Mondes vieux , anciens & nouveaux , des terres neuves , que le Ciel , fa Naiffance , & fes Armes lui ont donné ; ajoutant fans diminution folie fur folie , & entaffant degré fur degré pour le comble de ros Droits , aux gages pris fur fon épargne , que nous lui avons affigné néanmoins , & affignons fur la généralité de fes libéra'ités , fans retranchement , en retenant pour lui toutes efpèces mifes pour deniers livrés fans compte ; car ainfi plait à ce Seigneur ,

Et à Nous & à nôtre Mere ,
Qui veut qu'en tout lieu lui profpère.
Donné les ans & mois que deffus ,
A Dijon où il a le deffus.          ACTE

# ACTE DE RECEPTION

*De Mr.* DE LA RIVIERE, *Evêque & Duc de Langres,
Pair de France.*

LEs Superlatifs & Mirelifiques Loppinans de l'Infanterie Dijonnoife, Nourriffons d'Apollo & des Mufes, Enfans légitimes du vénérable Pere Bon-tems; A tous Foux, Archifoux, Lunatiques, Eventez, Poëtes par nature, par Beccarre, & par Bemol, Almanachs vieux & nouveaux, préfens, abfens, & à venir; *Salut*: Piftolles, Ducats, Portugaifes, Jacobus, Ecus & autres Triquedondaines; Sçavoir faifons, que Haut & Puiffant Seigneur *De la Riviere*, Evêque, Duc & Pair de Langres, ayant eu defir de fe trouver en l'Affemblée de nos Goguelus & aimables Enfans de l'Infanterie Dijonnoife, & le reconnoiffant capable de porter le Chaperon de trois couleurs, & la Marotte de Sage Folie, pour avoir en eux toutes les allegreffes de Machoires, fineffes, galantifes, hardieffe, fuffifance & expérience des dents qui pourroient être requifes à un Mignon de Cabaret, auroit auffi reçu & couvert fa caboche du dit Chaperon, pris en main la célèbre Marotte, & protefté d'obferver, & foutenir la dite Folie à toute fin, voulant à ce fujet étre empaqueté, & infcrit au nombre des Enfans de nôtre très redoutable Dame & Mére, attendu la qualité d'homme que porte le dit Seigneur, laquelle eft toujours accompagnée de Folie. A ces Caufes, nous avons pris l'avis de nôtre dite Dame & Mére, & avons par ces préfentes, *hurelu*, *berelu*, reçu & impatronifé, recevons, & impatronifons le dit Seigneur *De la Riviere* en la dite Infanterie, de forte qu'il y demeure, & foit incorporé au Cabinet de l'Intefte, tant que Folie durera, pour y exercer telle charge qu'il jugera être méritée par fon Inftinct naturel, aux Honneurs, Priviliges, Prérogatives, Prééminence, Autorité, Puiffance, & Naiffance que le Ciel lui a donné, avec pouvoir de courir par tout le monde, y vouloir exercer les actions de Folie, & y ajouter, ou diminuer, fi befoin eft; le tout

aux

aux gages dûs à fa grandeur, affignez fur la défaite & ruine des Ennemis de la France, defquels lui permettons fe payer par fes mains, aux Efpèces qu'il trouvera de mife : Car ainfi il eft defiré, & fouhaité. Donné à Dijon.

## ACTE DE RECEPTION

### *De Mr.* DE VANDENESSE.

LEs Superlatiques, Loppinans de l'Infanterie Dijonnoife ; A tous Foux, Archifoux, Lunatiques, Eventez, Minimes, Crochus, Almanachs vieux & nouveaux, à qui en voudra, fanté & gard ; *Salut* : Ecus, Ducats, & autres Efpèces, felon le poids, vaille la piéce ; Sçavoir font que düement informez, imbus & alicalement alimentez de viandes folides & autres efpèces panfardides, fuivant le tems & la levation des pots fur nôtre horifon, & fuffifamment imbus des mœurs, fens, allegreffe de machoires, viteffe, hardieffe, fuffifance, & expérience, tant des dents, qu'autres membres de nôtre cher & bien aimé Mignon, & goguelu *Jean de Vandenef-fe* ; Avis pris, reçu, ouï, entendu & empaqueté de notre très redoutable Mére. A ces caufes, par ces préfentes les Nôtres, vaille que vaille, l'avons, *hurelu*, *berelu*, logé & hebergé, logeons & hebergeons en ladite Infanterie, de forte qu'il y demeure, & foit incorporé, tant que Folie durera au Cabinet de l'Intefte, pour exercer orfineufement la Charge de Chevalier, aux Honneurs, Prérogatives, Prééminences, Autorité, Privilége, Franchife & Liberté convenable à l'évaporation de fon humeur, & de valoir ce qu'il pourra à table, grand Guerrier, comme bon Chevalier, tenir toûjours le verre, & ne faire la guerre qu'aux Levreaux, & Connils, aux pots, & au bon vin ; le tout aux gages ordinaires, affignés fur nos revenus de Champ-Moron, & autres lieux & places, auxquels felon le cours de la lune avons droit & propriété. Si Mandons à nôtre Receveur le fatisfaire de fes gages, à la forme ancienne, de forte qu'il n'ait caufe à fe plaindre des efpèces, fauf nôtre Droit, & celui des autres. Donné le dos au feu, le ventre

K

à

à table, le Dimanche avant Carême prenant, de l'An six cent quatre après, & mille devant.

*Par ordonnance des Ebluans, & redoutables Folatiques Seigneurs,*

LE GRIFFON VERD.

Comptant Or.

MASSON.

Sur le repli, *Visa*, auquel est attaché un Sceau de cire rouge, & grise, représentant la Mere-folle avec ces paroles :

*Stultorum est infinitus numerus.*

# QUITTANCE

*Des frais de Lettre & Réception.*

J'ai reçu de Monsieur DE VANDENESSE la somme de six livres pour sa Réception, & expédition de ses Lettres de Fou de l'Infanterie, & sur la présente, lui seront expédiées les dites Lettres. Fait le 5. de Mars 1604. *Signé* MASSON.

# ACTE DE RECEPTION

*De* RENE' DEREQUELEINE.

LEs Superlatiques & Mirelifiques Loppinans de l'Infanterie Dijonnoise; A tous les Foux, Archifoux, Lunatiques, Eventez, Minimes, Crochus, Almanachs vieux & nouveaux, à qui en voudra, Salut & Gard; Santé, Ecus, Ducats, Nobles à la rose, Millerais & autres espèces; Sçavoir faisons, que dignement informez, remplis & alicalement alimentez de viandes solides, & autres espèces pensardides, selon le tems, & informé de la legéreté des sens, mœurs, allegresse de machoires, vitesse, hardiesse, galantise, friandise, suffisance & expérience, tant des dents qu'autres
tres

tres membres de notre cher & bien aimé Mignon & goguelu *Réné Derequeleine*; Avis pris & reçu , ouï & entendu, & empaqueté de nôtre très redoutable Dame & Mére; A ces caufes, par ces préfentes les Notres, vaille que vaille, l'avons, *hurelu*, *berelu*, logé & hebergé, recevons, logeons & hebergeons en la dite Infanterie, de forte qu'il y demeure, & foit incorporé, tant que Folie durera au Cabinet de l'Intefte, pour y exercer orfineufement la charge de Chevalier de la dite Infanterie, aux Honneurs, Prérogatives, Prééminence, Autorité, Priviléges, Franchifes & libertés convenables à l'évaporation de fon humeur, & de valoir ce qu'il pourra à table, bon Guerrier, comme bon Chevalier, tenir toujours le verre, & ne faire la guerre qu'avec Levraux, & Connils, aux pots & bons vins; le tout aux gages ordinaires affignez fur nôtre pêche des foffez de Saux-le-Duc, & autres nos lieux & Terres, auxquels felon le cours de la Lune, avons droit & proprieté. Si donnons en Mandement à notre Tréforier & Payeur, fans plus avant faire Cérémonie, le fatisfaire pour quartier de Lune de fes dits gages, en forte qu'il n'ait occafion de fe plaindre des dites Efpèces. Ce qui lui fera paffé en fes Comptes, raportant quittance du plein ou du défaut, en la forme ancienne & accoutumée, fauf notre Droit, & celui des autres: Car ainfi va le vent. Donné le dos au feu & le ventre à table.

*En l'an mil fix cent avec fix*
*Etant à l'aife & bien affis.*
Signé LE GRIFFOND VERD, & fcellé.

# ACTE DE RECEPTION

## De FRANÇOIS TRISTAN.

LEs Superlatiques Loppinans de l'Infanterie Dijonnoife; A tous Fols, Archifoux, Eventez, Minimes, Crochus, Almanachs vieux & nouveaux, à qui en voudra, fanté & gard; *Salut*: Ecus, Ducats & autres Efpèces, felon le poids vaille la pièce; Sçavoir font que



due-

duement imbus & alicalement alimentez de viandes folides, & autres efpèces panfardides, felon le tems & la levation des pots fur notre horifon, & fuffifamment imbus des mœurs, fens, allegreffe de machoires, viteffe, hardieffe, fufifance & expérience, tant des dents, qu'autres membres de notre cher & bien aimé Mignon & goguelu, *François Triftan*; Avis pris, reçu, oüi & empaqueté de nôtre très redoutable Dame & Mére; A ces Caufes par ces préfentes les Nôtres, vaillent que vaillent, l'avons, *hurelu*, *berelu*, reçu, logé & hebergé, recevons, logeons & hebergeons en la dite Infanterie, de forte qu'il y demeure & foit incorporé, tant que Folie durera, au Cabinet de l'Intefte, pour y exercer orfineufement la Charge de Confeiller Jouant Lopinant, aux Honneurs, Prérogatives, Prééminences, Autorité, Privilèges, Franchifes, & Libertez convenables à l'évaporation de fon humeur, & valoir ce qu'il pourra, Seant en la parlance, retenir nos confeils en fi grand filence, qu'à tous ne foient fecrets, le tout aux gages ordinaires affignez fur nôtre pêche des Foffez de Talent & Vergy, & autres lieux & places auxquels, felon le cours de la Lune avons droit & proprieté. Si Mandons à notre Payeur le fatisfaire de fes gages à la maniere ancienne & accoutumée, de forte qu'il n'ait occafion de fe plaindre des Efpèces, fauf nôtre Droit & celui des autres. Donné le dos au feu, le ventre à table.

*En l'an mil fix cent & deux,*
*Où étoient tous les Foux joyeux.*

Par ordonnance des Ebluans & redoutés Folaftiques Seigneurs.

Le GRIFFON VERD.

P R O V I

# PROVISIONS

*De l'Office d'Intendant des Finances, de l'Infanterie Dijonnoise,*
*Pour* JEAN MONIOT.

LEs Superlatiques & Mirelifiques Loppinans de l'Infanterie Dijonnoife ; A tous Foux, Archifoux, Lunatiques, Eventez, Minimes, Crochus, Almanachs vieux & nouveaux, à qui en voudra ; *Salut* & gard ; Santé, Ecus, Ducats, Piftolles, Jacobus & autres Efpèces. Étant imbus, & alicalement alimentez de viande folides, & autres efpèces panfardides, felon le tems, & dignement
informez de la légéreté des fens, mœurs, allegreffe & viteffe des
machoires, hardieffe, friandife, galantife, fuffifance & expérience
des dents, qu'autres membres de notre cher & bien aimé Mignon
& goguelu *Jean Moniot* ; Avis pris, reçu, ouï & entendu &
empaqueté de nôtre très redoutable Mére ; A ces Caufes, l'avons
par ces préfentes les Nôtres, vaille que vaille, *hurelu*, *berelu*, logé & hebergé, recevons, logeons & hebergeons en la dite Infanterie, pour y être incorporé tant que Folie durera, au Cabinet de
l'Intefte, pour y exercer orfincufement la Charge d'Intendant de
nos Finances & à garnir nos panfes, comme grand Intendant de
notre argent, aux Honneurs, Prérogatives, Prééminences, Franchifes & Libertez convenables à l'évaporation de fon humeur, & de
valoir ce qu'il pourra ; le tout aux gages ordinaires affignez fur
la pêche de nos Etangs des Chaumes d'Auvenet, & autres lieux &
places auxquels felon le Cours de la Lune, nous avons droit &
proprieté. Si Mandons à notre Receveur le payer & fatisfaire de
fes gages par chacun quartier, fuivant la forme ancienne & accoutumée, enforte qu'il n'ait occafion de fe plaindre des Efpèces. Ce
qui lui fera paffé en fes Comptes, en raportant la quittance du plein ou
du défaut, fauf notre Droit & celui des autres ; car ainfi le vent
fait-il aller les giroüettes. Donné le ventre à table, le dos au feu,

> En Fevrier & en Carnaval,
> Que les Foux montent à Cheval,
> Et qu'ils n'avoient la bouche clofe
> En mil fix cent quatorze.                          Par

Par Ordonnance des redoutez, Ebluans, & Folatiques Seigneurs.

## Le Griffon Verd.

# PROVISIONS

*De la Charge de l'un des Gardes de la Compagnie de l'Infanterie Dijonnoise, pour* MICHEL POIGNIE'.

LEs Superlatiques & Mirelifiques Loppinans de l'Infanterie Dijonnoise; A tous Foux, Archifoux, Lunatiques, Eventez, Minimes, Crochus, Almanachs vieux & nouveaux, présens, absens, & à venir, à qui en voudra, santé & gard; *Salut*: Ecus, Ducats, Piftolles & autres Efpèces; Sçavoir font, que düement imbus, remplis, & alicalement alimentez de viandes folides & autres efpèces panfardides, felon le tems, des mœurs, allegreffe de machoires, viteffe, hardieffe, fuffifance & expérience, tant des dents, qu'autres membres de notre cher & bien aimé Mignon & goguelu, MICHEL POIGNIE'; Avis pris, reçu, ouï, entendu, & empaqueté de notre très redoutable Dame & Mére; A ces Caufes, l'avons par ces préfentes les Nôtres, reçu, logé & hebergé, recevons, logeons, & hebergeons, en la dite Infanterie, de forte qu'il y demeure, & foit incorporé, tant que Folie durera, au Cabinet de l'Intefte, pour y exercer orfineufement la charge de l'un des Gardes de la dite Compagnie, aux Honneurs, Prérogatives, Prééminences, Autorité, Priviléges, Franchifes & Libertez convenables à fon humeur, & de valoir ce qu'il pourra; le tout aux gages ordinaires, affignez fur nos revenus des Grottes d'Aniéres, & autres lieux & places, auxquels le cours de la Lune a droit & proprieté. Si Mandons à nôtre Receveur le fatisfaire de fes gages, à la forme ancienne & accoutumée, par chacun quartier de la Lune, & faire enforte, qu'il n'ait occafion de fe plaindre des Efpèces: ce qui lui fera paffé en fes Comptes, raportant quittance du plain ou du défaut: Car ainfi va le vent, fauf notre Droit &
celui

celui des autres. Donné le dos au feu, le ventre à table, en préfence des Foux notables.

En l'an mil fix cent dix huit ,
De beau plein jour & non de nuit ;
En Fevrier le vingt-huitieme ,
Ayant tous les panfes bien pleines.

Par Ordonnance des Ebluans & Folatiques Seigneurs.

Le GRIFFON VERD.

Scellé en cire rouge, verte & jaune, à lacs pendants de même, avec le Sceau de la Mere-folle, autour duquel eft écrit, *Stultorum plena funt omnia.*

# INSTITUTION

*De Maitre* JEAN FACHON *Auditeur de la Chambre des Comptes, en la Charge d'Ambaffadeur de la Compagnie de l'Infanterie Dijonnoife.*

L'ILLUSTRISSIME & Cariffime Compagnie joyeufe de l'Infanterie Dijonnoife, gayement affemblée au fon des Inftrumens Muficaux, au plus beau Mirelifique, & ébluant appareil que faire s'eft pû; tous Enfans legitimes, & Succeffeurs de la Marotte; *Salut* : Ecus, Ducats, Millerais, Nobles à la rofe, Portugaifes, Sequins, Piftoles & piftolets fans balles, ni poudre, & autres femblables efpèces en quantité, pour remplir les Arfenals de leurs Efcarcelles éventées ; après avoir revolu la fphère, contemplé la fituation des Poles fur nôtre horifon, levé l'aiguille du Septentrion au Midy, & humé le Nectar du bon Pére Denis, avons fait ouvrir, & lire brufquement par notre Griffon Verd les paquets reçus d'un Maître de nos poftes & relais, tant deçà que delà la Mer, contenant avis certain, ou environ, que la fiere Atropos, pour faffer fon tems a éclipfé un grand nombre d'Ambaffadeurs Généraux

raux de nôtre très chere & très redoutable Dame & Mere. Qu'à ce moyen plufieurs des Provinciaux & Locaux, pour n'être furveillez, ne avertis, comme ils étoient jadis, négligeoient le Gouvernement de ceux qui dépendent de notre conduite, lefquels par ce défaut couroient, comme chevaux débridez, à diverfes fortes de périls, les uns entreprenant de longs & dangereux voyages, traînant avec eux leur biens & celui d'autrui, au travers des bois & forêts & montagnes, à la façon des bêtes fauvages, quêteurs de Chemin, & autres tels inconveniens ; les autres pouffez d'une manie, & aveugle fureur, fe jettant à laveugle, à la fuite des armes, batailles & duels, couroient au devant de celle qui ne les attrape que trop tôt, & demeurant eftropiez le refte de leur vie, avec peine & langueur, chofes du tout contraires à nos joyeux déportemens ; d'autres encore plus pouffez d'une très grande avarice, & cupidité d'amaffer des biens, pour les laiffer à tels qui n'en fçavent gré, lefquels abandonnent la terre, vrai lieu de leur origine, s'expofent à la merci, & à l'inconftance de l'Eau, capitale ennemie de nos joyeufes & gaillardes Affemblées, contrevenant directement aux vœux de nos Foux Ancêtres, lefquels proteftoient d'avoir un pied en terre ferme, & tant que faire fe pourroit, torcher leur C. fur l'herbe ; de toutes lesquelles précipitations arrivoit la perte, ou la ruine des Colonies & Peuplades que nous avons par tout le globe Terrien. Sur quoi l'affaire mife en délibération, a été refolu, à la pluralité des voix qui ont été exhibées par B Carre & par B Mol, & à toute Game, que pour braver cette fi téméraire & outrecuidée mort, qui ne refpecte les Foux, que quand bon lui femble, il falloit rendre la Folie immortelle en dépit des envieux, établiffant d'autres Ambaffadeurs, aux lieu & place des décédez, fous lefquels nôtre autorité prendroit foigneufement garde au régime & gouvernement de ceux qui feroient fous leur conduite, felon que nos Foux Ancêtres l'ont apris par fait, mines, geftes ou autrement. Pour ce eft-il, qu'informez fantaftiquement de la naturelle & artifte Folie de nôtre très cher & bien aimé Mignon, & goguelu, *Jean Fachon* à préfent prenant repas & repos fous nôtre domination en cette Ville, fous la gayeté de fes

fens,

sens, allegresse de machoires, legereté de la main, galanterie d'esprit, friandise de gueule, vitesse de ses membres : Vû aussi ses Faits héroïques, sa dexterité au maniîmant des Armes Bachiques, entre deux Trétaux icelui examiné à l'usage de *Jean le Coqs* sur le Titre de Folie à Livre ouvert, *Cap. Stultè Coequitare, fol.* 20. *& 11.* Ouï aussi ses solutions legerement fournies à châcun des folâtres argumens à lui faits ; protestation par lui faite sur le Chaperon, de bien vivre, boire, manger & rire ; en tout, & par tout folâtrer & se divertir, tant qu'apetit & argent subsisteroient & assisteroient, & mourir

Fou folâtrant, Fou lunatique,
Fou chimérique, Fou fanatique,
Fou jovial, Fou gracieux,
Fou courtisan, Fou amoureux,
Fou gaussant, Fou contant fleurette,
Fou gaillard, Fou voyant fillette,
Fou fin, Fou écervelé,
Fou alteré, Fou gabellé,
Fou à, caboche légère,
Fou cherchant à faire bonne chère,
Fou aimant les morceaux choisis,
Fou verd, Fou teint en cramoisi,
Fou en plein chant, Fou en musique,
Fou faisant aux Sages la nique,
Fou riant, Fou gai, Fou plaisant,
Fou bien faisant, Fou bien disant,
Fou éventé, Fou humoriste,
Fou caut, Fou Pantagrueliste,
Fou léger, Fou escarbillat,
Fou indiscret, Fou sans éclat,
Fou sur la terre, Fou sur l'onde,
Fou en l'air, Fou par tout le monde,
Fou couchez, Fou assis, Fou debout,
Fou çà, Fou là, Fou par tout.

L                                    Et

Et de plus, embraſſer, tant que vie lui durera, toutes ſortes de Folies auxquelles il pourra atteindre. Concluſions extravagantes, débagoulées par le Fiſcal verd à nôtre Dame & Mére ; Nous à ces cauſes, & mille autres aiſées à deviner, l'avons reçu, empaqueté, & emballé, recevons, empaquetons, & emballons en nôtre Compagnie ; en ſorte qu'il y ſoit uni, toute Sageſſe ceſſante, pour y exercer toute Folie, en l'état & office d'Ambaſſadeur du Levant au Ponant, pour nôtre Dame & Mere ; lui donnant & attribuant gros, gras & plein pouvoir ſur tous les Foux de ſa Légation ; les tenant avertis de jour à autre des avis qu'ils recevront de Nous, d'autant que c'eſt pour le bien de nos affaires, accroiſſement, augmentation & multiplication ſans chiffres de nos Foux, que nous voulons & entendons être toujours d'un nombre infini ; de toutes leſquelles diligences, & charges d'Ambaſſadeur auxdits Pays, il ſera tenu de dreſſer de beaux & amples Mémoires, dont il emburlucoquera notre Fiſcal Verd, les lui envoyant à toutes les poſtes, & en donnant avis par courriers exprès, afin de remédier en toute occurrence au bien & ſoulagement de tous nos Sujets, pour d'icelle Charge d'Ambaſſadeur, joüir pleinement, & le moins à vuide que faire ſe pourra, aux Honneurs, Privilèges, Prérogatives, Prééminence, Autorité, Franchiſe & Liberté de valoir ce qu'il pourra ; profits, revenus, émolumens, tant ordinaires, que de rudes bâtons dûs à la dite Charge, aſſignez ſur l'épargne de ros deniers, tout compte fait, ayant à ces fins fait expédier les Préſentes, ſignées LE GRIFFON VERD, & ſcellées de nôtre Sceau. Si donnons en Mandement à tous Foux, Archifoux, Extravagans, Hétéroclites, Joviaux, Mélancholiques, Curialiſtes, Saturniques, Lunatiques, Timbrez, Fanatiques, Gais, Colériques, & tous autres de lui obéïr follement, en ce qui dépendra de ſa Charge d'Ambaſſadeur, ſous peine de déſobéïſſance, & même d'encourrir nos diſgraces ; & à nos Tréſoriers, Receveurs, & Payeurs, de le payer de ſes penſions & appointemens par quartier, & également, non pas plus à l'un qu'à l'autre, en la forme ancienne & accoutumée, de ſorte qu'il ne reçoive eſpèce, qui ne ſoit de miſe ; voulant, ordonnant & commandant très
exprcſ-

expreſſément que ſur la ſimple quittance, la dite Somme leur ſoit legèrement paſſée & allouée, en nôtre Chambre des Gets , ſans aucune difficulté, ſauf nôtre Droit & celui des autres. Donné à Dijon.

# INVITATION

*Pour ſe trouver à l'Aſſemblée de l'Infanterie Dijonnoiſe.*

Je viens de la part de la Mere,
Mere aux Foux, & Sages proſpère,
Vous dire que depuis long-tems,
Elle n'a vû ſon cher Bon-tems.
Voici le jour qui nous éveille ,
Qui l'entend ne faut qu'une oreille;
Le bon Pere eſt ſi curieux
De rendre ſes Enfans heureux ,
Qu'il ne veut pas que l'on leur vende,
Chapon, Perdrix , Canard, ni viande,
Quelle qu'elle ſoit à ce jour,
Crainte de perdre ſon amour,
Plus qu'il faut à ce que ſa table
Soit en toute ſorte agréable.
Bon-tems voit bien qu'un méchanique
Aux Levreaux mêmes fait la nique :
Il ne peut l'outrage endurer;
Sa table il veut toûjours durer.
C'eſt maintenant qu'en la Folie,
Les Foux ſous la Mere on allie;
Foux , venez tous, l'habit décent
Aux qualités.  Si quelque abſent
Se vouloit prévaloir d'excuſe,
Il ſera traité comme buze :
Le lieu eſt la place au Tripot
Ordinaire de pot à pot.

L  2    Vous

Vous le sçavez par ma sémonce,
A tous les Foux je le dénonce,
Qu'aucun ne vienne que couvert,
Des couleurs jaune, rouge, & verd,
Quiconque apportera la viande
Il aura part à la Prebende,
Et puis, après tout nôtre éclat,
Chacun remportera son plat.

# MANDEMENT DE CONTRAINTE

### *De l'Infanterie Dijonnoise.*

Du Mecredi Fevrier dixieme,
Et le premier devant Carême,
Et l'An mil six cent & vingt-six,
Où étoient six cent Foux assis,
Verds Galands de l'Infanterie,
Au jeu de la Poissonnerie,
Foux Heraults, Foux Exempts,
Et vous tous, Gardes diligens,
Contraignez sans remise
Les Foux dessous nommez,
Après avoir été sommez,
De mettre es mains exquises
De nôtre Receveur
Promptement sans faveur,
Ni excuse frivole,
Chacun une Pistolle,
Pour le droit opulent
D'être Fou postulant,
Reçu dans nôtre Troupe,
Et s'ils en font refus,
Rendez-les plus confus,
Qu'un qui répend sa soupe,

Rompez

Rompez les Cabinets
Prenez jufqu'aux bonnets,
Et enfoncez les portes.
Bref, faites tant d'exploits,
Que nos folâtres Loix
Soient enfin les plus fortes.

M. *Navault* Chevalier.
M. *Verrier* Nore. Chevalier.
M. *De Rey* Gentil-homme.
M. *Granger* Exempt des Gardes.
M. *Houffe* Gentil-homme.
M. *Thibaut* Exempt des Gardes.

M. *Naulot* Garde.
M. *Roy* Chevalier.
M. *Maffaut* Gentil-homme.
M. *Begin* Exempt des Gardes.
M. *Bollenot* Exempt des Gardes.

Encor ces deux ayant difculpé leur défaut,
Et que par devant Nous repréfenter il faut.

M. *Joly* Avocat.          M. *Barthelemy* Procureur.

Par NOTRE MERE

Signé LE GRIFFON VERD, avec paraphe.

# COMMISSION

*Pour affigner le* Sieur TURREL *à comparoir devant l'Infanterie Dijonnoife.*

L'Infanterie bien avertie
Des humeurs, & folles faillies,
Dont le Sieur *Turrel* eft rempli,
Trouve qe les Foux ont failli,
De voir ce Fou le vent en poupe,
Sans lui avoir fauté en croupe,

L 3                              Et

Et lui dire qu'on le veut voir :
C'eſt pourquoi faites-lui ſçavoir,
Et lui dites que l'on deſire
De le voir, & avec lui rire,
En lui demandant des raiſons
Qui ne feront hors de ſaiſons,
Et à ces fins qu'il s'appareille,
Dites-lui le jour à l'oreille,
Et avertiſſez les vieux Foux
Afin qu'ils s'y trouvent très-tous.
S'il vient qu'il n'apporte point d'armes,
Car les Foux craignent les allarmes,
Si ce n'eſt avec bons jambons,
Patez, bouteilles, & Flaccons.

# COPIE D'UNE LETTRE

*Ecrite par M.* FOURNIER, *à M.* DES CHAMPS,
*alors Mere-Folle de l'Infanterie Dijonnoiſe.*

## MONSIEUR,

VOs affectionnez Neveux, Enfans de bonne vie, deſquels par vos Lettres m'avez donné la conduite, vous ſuplient très-humblement, ſuivant que vos Enfans de Dijon, qui ſont en ce lieu par leurs Lettres cy-jointes, nous tant obliger, qu'à venir ici pour paſſer le tems avec eux, & nous, à une montée que déſirons faire Mecredi, Dieu aidant, au ſujet de la Réception, & bien-venue en ce lieu de M. *François Jachiets* Enfant de Dijon, & nous eſſayerons à vous recevoir le mieux qu'il ſera poſſible, vous conjurant permettre que le Porteur apporte les Caſaques de ceux qui ſont ici, & qui vous en feront demander la permiſſion, comme auſſi les habits de taffetats de vos Tambours, pour revêtir quelques-uns des nôtres, nouvellement reçus, & ces Meſſieurs avec ces Porteurs les remporteront à leur retour : eſperant que
vous

vous nous ferez cet honneur & faveur, je prierai Dieu qu'il vous conferve, & qu'il me faffe la grace de vous témoigner au nom de tous vos Enfans, que je fuis & ferai à jamais, vous priant bien le croire,

MONSIEUR,

&c. FOURNIER.

# LETTRE

*Du Fifcal Verd de l'Infanterie Dijonnoife, à M. DES CHAMPS, Mere-Folle.*

Mere pour avoir du plaifir,
Vous pouvez prendre le loifir,
Si vous Jugez le tems commode
De venir vous coucher à Nuits
Demain pour quitter tous ennuis,
Boire avec les Foux à la mode.
Le bonjour d'un Fou de bon cœur
Du Fifcal, & Sergent Majeur
Vous recevrez par bienféance,
Qui vous conjure cette fois
D'avoir votre folle préfence
En la loge des Foux François.
Le Porteur de mes foux Ecrits,
Vous dira que leurs cœurs épris
De vous rendre une férénade,
M'a fait prendre la plume en main
Voir à ces Foux faire gambade,
Vous rendrez tous vos Foux contens,
En dépit des facheux tems
Defquels ils reçoivent l'injure.
Vôtre *Fournier* vous y invite,

Et

Et le Fiscal vous en conjure,
Les honorer d'une visite.
Votre folatre Serviteur,
Tant en la Fiscalité verte,
Qu'en quelqu'autre charge d'honneur
Qui n'est maintenant découverte.

#### LE FISCAL VERD.

Dessous le Cachet, représentant un Griffon de cire rouge, il
y a de la soye verte sur cette Lettre originale :

De ce petit lieu, sans poisson
On peut trouver bonne boisson,
Du logis nous aimons le change,
Et pour avoir bon traitement,
Nous allons du Mouton à l'Ange,
Pour boire à vous présentement.

# LETTRE

*De* DIBIDONDENNE, *Herault,* à *Mr.* DES CHAMPS,
*Mere-Folle.*

## SONNET.

Mere, le seul objet de nôtre Infanterie,
Par qui les sages Foux respirent à l'envi,
Autant que le Soleil dans l'Olympe reluit,
Ainsi puissent durer & ton los, & ta vie !

Que tous ces vieux Suppots, qui vers toi se rallient
Puissent s'éternifer dans l'oublieuse nuit !
Que l'on n'entende rien retentir que le bruit,
De Trompette & Tambour de la Mere-Folie !

Bref,

Bref, bref, cher Nourriſſon d'Apollon & Minerve,
Pour qui les ſages Foux du ſiecle ſe réveillent,
Les Tutelaires Dieux puiſſent favoriſer,

Toujours vos beaux deſſeins, & que chez vous les graces
Puiſſent ſympatiſer, & toujours trouver places,
Et tous vos vœux enfin toujours autoriſer !

## A Mr. DESCHAMPS,

*Mere de l'Infanterie Dijonnoiſe, ſur ſon départ pour Paris en 1627.*

Puiſque le ſort trop mutiné
Jaloux de ma réjouïſſance,
Veut dans un tems inopiné
Me priver de vôtre préſence ;
Avant que plus vous éloigner,
Ma Muſe vient vous témoigner
Le ſervice qu'elle doit rendre,
En ce départ & au ſéjour,
Pareil que le devez attendre
A vôtre heureux & bon retour.

Puiſſiez-vous donc bien commencer,
Et favorablement pourſuivre,
Au chagrin jamais ne penſer,
Toujours joyeux, & toujours yvre !
Et puis en ce louable accès,
Dieu veuille qu'un heureux ſuccès
Vous faſſe reprendre la route
De vers la Ville de Dijon,
Pour boire avec les Foux la goute,
Du meilleur qui ſoit au Donjon.

M

Recevez

Recevez la simplicité
Qui est en mon rimeur langage,
Preuve de la prospérité
Qu'il vous souhaite en ce voyage.
Je prends les Foux, jeunes & vieux,
Pour mes témoins comme en tous lieux,
Je voudrois vous faire service ;
Car pour vôtre perfection,
Je sois atteint d'un maléfice,
Si je n'ai point d'affection.

*Anfin peu qu'ai fau qu'ai lai cor,*
*Vos aulein faire ce viaige,*
*Tretô lé Fô ai son d'aicor,*
*Chevalié, Gentil-homme, & Paige,*
*Pu tò mà que vo sein po lai,*
*Faite vote paipié palai,*
*Po no dire queique nôvelle,*
*Et peu cetu lai ne seré*
*Anfan de lai Fôlle-femelle,*
*Qui bé tò ne vo récriré.*

Le Fiscal rouge, jaune & verd
Le cœur duquel vous est ouvert.

## LE REVEIL DE BON-TEMS,

Par l'Infanterie Dijonnoise, au Carnaval de l'An 1623.

*Un Vigneron parle le premier.*

Je vai, je ven, je me prôméne,
Depeu le jor des bone étréne,
Ay l'y é bé deu mois vou tan,
Por charchai le Peire Bon-tan.

Bon-tan

Bon-tan depeu ſon mairiaige ,
Depeu qu'on l'é mi en manaige
Lai vaille de Cairemantran ,
Qu'on no baillôo du Ry frian ,
Du Ry qu'on en lochôo ſon peuce ,
Ma du ry por dezò lai queuſſe ,
On noz é Bon-tan récelai ,
Qu'on no le rande aivô no plai ,
Por réjouï lai Meire-fôlle ,
Et tretô lé Fô de ſon Rôle.

### Le ſecond Vigneron.

Croit-on que lai garre , & lou tan
Puiſſein faire paidre Bon-tan ?
Que lé Fô de l'Infanterie
Sein tô mor dan lai baiterie ?
Que lou rouge , lou jaune & lou var
Scin éjaulai pendan l'hyvar ?
Que lé vieu Fô , lé Fô Nôvice
Sein tretô mor de lai jaunice ?
Qu'ai ny é pu de Chairiô ?
Por lai Muſicle & l'Oriô ?
Ni de crevaiſſe au for dé fée ?
Qu'ai n'y ò pu de cor tan ton ,
Qui fon l'ôrraige ai requelon ?

### Premier Vigneron.

Tô cé jan lai boiſſein lai téte
Quand lé garro faiſein lai féte ,
Ma por celai , Compeire Ancea ,
Ai l'étein tôt en ein moncea ,
Qu'ai ſe ſaicoutein ai l'ôraille
Lou ſoir qu'ai l'allein an lai vaille ,



Vé

Vé lai rue de fain Pheulebar ;
Ma ai craignien les Heurebar
Lé Lanfquenai qu'eitein fu Sone ,
Dan de Baiteà de vé Auxone,
Et portan ai faivein tretô

*Second Vigneron.*

Bon-tan étò dan ein crôtô ,
Vé lai tor de lai Pote d'Oûche,
Ecrepi anfein qu'éne Mouche
Qu'ai n'allo n'au marché , n'au bor ;
Tan ai l'aivò pô dé Tambor
De fé portou de Potuzaine ,
Qu'aulein ai pré lé Caipitaire ,
Ma tôjor queiqu'un de no Fô
Aivô lou varre , aivô lou Brô ,
Le venò voi por dezô tarre ,
Tan qu'é duré lai maule garre ,
Por l'y faire paffai le tan
Et le defengraignai d'autan.
Lé Fô li difein mointe chôfe
Su quei Bon-tan faisò fe glôfe.
Ma peu que nos aivon le tan
Saiçhon d'où ça que vein Bon-tan.

*Bon - tems.*

Je forts du profond des deferts,
Où font éternel les hyvers,
Où le Soleil jamais n'éclaire :
Là par l'efpace de deux ans,
J'ai vécu comme un folitaire ,
Sans plaifir & fans paffe-tems.
Mais ores que l'air des Tambours ,
Ne trouble plus l'heur de mes jours ,

Et

Et que la Paix par la Sageſſe,
Et le bras Vainqueur de Louïs
Remettant aux fers la triſteſſe,
Rend tous ſes Peuples réjouïs.
A vous je reviens, chers Enfans,
En ma belle humeur de Boiſ-tems,
Et pour vous conter des merveilles,
Ouvrez ſeulement vos oreilles,
Dans mes certaines viſions,
Il n'y a point d'illuſions.
J'ai vû au bout de l'Océan,
Un jeune & valeureux Géant,
Mépriſer les flots de Neptune,
Et l'inconſtance de la Lune.

### Premier Vigneron.

N'é vo pà vû an eine chaire,
Ecatrée quatre Chambleire,
Qui ſe faiſein faire lé poi
De lai tête aivô ein razoi,
Don l'ene ma foi fu bé greigne,
Car on l'i côpi lai babaigne.

### Second Vigneron.

Né vo pà vû de tô coutai
Dé Fô mouillé, dé Fô crôtai?
Dé Fô, Fô du lon de l'année,
Dé Fô, Fô por faire laigrence?

### Bon-tems.

J'ai vû Saturne qui diſoit,
Que Jupiter le mépriſoit,
En voulant couper à ſa guiſe,
Les cheveux de ſa barbe griſe.

M 3

*Premier*

*Premier Vigneron.*

N'é vo pà vû de Fô coran,
Dé Fô qui fon Fô tô por ran,
Qui von du lon de lai riveire,
Dépeu lé Chaitreu ai Pleumeire?

*Second Vigneron.*

Dé Fô fans rime, ni raifon,
Pôche dan le cor de Suzon;
Dé brave Fô qui on fai gille,
Et qui on paffai por lai Tille.

*Bon-tems.*

J'ai vû un Ours & un Lion,
Et des Corbeaux un million,
Qui devoroient une charogne
Aux environs de la Bourgogne.

*Premier Vigneron.*

N'aivé vò pà vû tô de vrai,
Soti du gran paquei de Brai,
Dé Fô beficle, de Fô loûche,
Qu'on é poché au crô de l'ouche.

*Second Vigneron.*

Dé Fô, don je feu tô ravi,
Qu'on é poché darrei lonvi,
Et dé Fô tô du lon de lone,
Qu'on é pri tô frai dan lai Sone?

*Bon-tems.*

J'ai vû Polyphéme vaillant,
Deffus fon troupeau furveillant

A qui

A qui les Pigmées d'envie,
Oterent la vue & la vie.

*Premier Vigneron.*

Né vo pà vû dé Fô tô ron
Fô au çan, Fô au quateron,
Dé Fô qu'on van ai lai dôzaine,
Sôti de lai Bôſſe d'ein Chéne?

*Second Vigneron.*

Dé Fô côvar, dé Fô réti,
Dé Fô qui on bon aupeti,
Qui vende en moin de troi ſemaine,
Lô bôticle & lô boëte pleine?

*Bon - tems.*

J'ai vû d'étranges accidens,
Des Loups qui n'avoient point de dents,
Dévorer les bois & les plaines,
Les maiſons, les champs, les fontaines.

*Premier Vigneron.*

Né vo pà vû darei Vaiſſon,
Dé Fô qui pipein lô leçon,
Dé Fô bé qu'ai ſein filôſôfle,
Ai qui on é foaillé lé môfle?

*Second Vigneron.*

Dé Fô qui n'on jaimoi repô,
S'ai non le groin au tor du brô,
Et qui au bou de l'ai jonée,
Se laiſſe modre au bou du née.

*Bon-*

*Bon - tems.*

J'ai vû des Harpies de la Cour,
A l'aide d'un jeune Vautour,
Jufques-ici faire leurs courfes,
Et fucer le fang de vos bourfes.

*Premier Vigneron.*

Né vo pà vû dé Fô vaillan,
De qui lé Fô fe von raillan,
Qui pote dé gran quoue de Caiffe,
Qui ne fon pô qu'ai dé limaiffe ?

*Second Vigneron.*

Dé Fô, qui fon tan derivai
Qui de neu baite le paivai,
Peu von couchei au Cemeteire
Quant ai l'on caffai lé vorreire ?

*Bon - Tems.*

J'ai vû Atlas tout plein de fiel
Vouloir abandonner le Ciel,
Pour le laiffer tomber à terre,
Etonné du bruit de la Guerre.

*Premier Vigneron.*

E' vo vû dé Fô s'en ailan
Aivô Denife vé Tailan,
Qui n'aivò ran que fai feteine,
Quant on lai prin de dan fonteine ?

*Premier*

*Second Vigneron.*

Dé Fô de neu, dé Fô de jor
Dé Fô qui fon devan lô jor
Dé Fô qui von ai lai Charmôte,
Por piquai lé brô & lai môte?

*Bon - tems.*

J'ai vû Roland le furieux,
Qui le cerveau ne s'alembique
Et de voir n'eft point curieux,
Que Médor courtife Angelique.

*Premier Vigneron.*

N'é vo pà vû dò le maitin
Dé Fô tô vetu de faitin,

- - - - - - - - ◼
- - - - - - - - -

*Second Vigneron.*

Dé Fô deçai dé Fô delai
Qui on le groin vormiffelai,
Dé Fô qui méprifan Suzanne
S'en von trinquai ché l'Oteffe Anne?

*Bon - tems.*

J'ai vû des Dieux le plus avare
Faire la Guerre à Phaëton,
J'ai vû tomber du Ciel Icare,
Sans fe faire nul mal, dit-on.

*Premier Vigneron.*

E' vo vû ai droite ai rebor
Du defu & du ba du bor,

N

Dé

Dé Fŝ qui on prin lai Calôte,
Pô du Chau de lai Chaipelôte ?

*Second Vigneron.*

Dé Fô gran come dé porcéa,
Dé Fô fô, come des paifféa,
Dé Fô trifte & dé Fô de joyë
Qui foire, faute de monoïe ?

*Bon-tems.*

J'ai vû au fon d'une Trompette
Répondre deux fois un Echo,
Et faire enfuite la conquête
Des murailles de Jerico.

*Premier Vigneron.*

N'é vò pà vû ai lai Sain Jan
Dé Fô, mà dé Fô, Moître Jan,
Dé Fô qui faifon dé rifée,
Ai qui on fai mointe feufée ?

*Second Vigneron.*

Dé Fô qui allein fan recor
Qui fe fauvire an ene cor,
De lai pô qu'ai l'eure an lai rue
Voù ai faifein le pié de grue ?

*Bon-tems.*

J'ai vû un Fou en grand colère ;
Et en extrême mariffon,
De voir un malheureux Cerbere,
Crever les yeux de fa maifon.

*Premier Vigneron.*

Aivé vo vû dehor, dedan,
Dé vieu Fò qui n'on pu de den,

Dé

Dé Fò fondai fu d'ancien titre,
Et qui fon dé Fô les Arbitre ?

*Second Vigneron.*

Dé Fô ligei, dé Fô pefan',
Dé Fô qui vive fan quefan,
Dé Fô qui fon tô fò dé fille,
Por to lé carre de lai ville ?

*Bon - tems.*

J'ai vû un fecond Promethée
Qui déroba le feu du Ciel,
A qui les Corbeaux par curée
Devoroient le cœur & le fiel.

*Premier Vigneron.*

N'é vo pà vû ein gran mantéa,
Qui é pain dé Fô le Chaintéa,
Dé Fò trifte & dé Fô tô morne,
Qui mainge dé patai de corne ?

*Second Vigneron.*

Tu n'é pà Fô épeluan,
Tu é ein Fô gra & truan,
Croi-moi, gro Fô, que tu te môque,
C'étò dé patai d'equivôque.

*Bon - tems.*

J'ai vû Apollon en pofture
Tout enchainé de diamans,
Et fi l'ai vu en pourriture
Tout réduit prefqu'en un moment.

N 2                    *Premier*

*Premier Vigneron.*

N'é vò pà vû d'autre coutai
Dé Fô qui fe fon écoutai,
Dé Fô faivan & dé Fô béte,
De peu lé pié jufqu'ai lai téte?

*Second Vigneron.*

Dé Fô peunai & gloriou,
Dé Fô ai lame de v'eu Lou,
Dé Fô qui n'on latin, ni glôfe,
Dé Fô qui ne rime qu'en Prôfe?

*Bon - tems.*

J'ai vû une provifion
Contre droit & contre raifon
Convertir en définitive
Malgré, bon gré, Monfieur S. Yve.

*Premier Vigneron.*

N'é vò pà vû de tô métei
Dé Fô qui etein fans Chairitei,
Qui ne fon que daignai & boire,
Ché le Pleurou voù ché lai Noire?

*Second Vigneron.*

Dé Fô joyeu, dé Fô paillar
Dé Fô qui fon tôjor gaillar,
- - - - - - - - - -
- - - - - - - - - -

*Bon - tems.*

J'ai vû une marmite d'or
Où l'on cuifoit pour un malade

Un

Un reſtaurant de pied de porc,
Et pour deſſert une ſalade.

### Premier Vigneron.

N'é vò pà vû en cette ville
Six fanne dè den ſi haibille,
Dépendre ai lo Côlation,
Vingt-quatre francs, ce diſoit-on?

### Bon-tems.

J'ai vû une Dame en diſcours
Avec une ſienne voiſine,
Du profit de ſa baſſe-cour,
Et de l'ordre de ſa Cuiſine.

### Second Vigneron.

N'é vò pà vû cinq Eſcharre,
Qui maingire au Fo-bor ſain Piarre
En ein lôgi onze Coûchon,
San le beu, le véa le Môton?

### Bon-tems.

J'ai vû une Ville de glace
Où à peine verroit-on jour,
Céder à Jupiter la place,
Moitié par force & par amour.

### Premier Vigneron.

N'é vò pà vû en cette Ville,
Dé jan ai prarre ben-haibille,
Qui por ſe ſauvai fure aidroi,
De gaigné vitemen lé doi?

*Bon-tems.*

J'ay vû un gros Mylord de France,
Sage difcret & bien appris,
Qui difpofoit de la finance,
Et fi pourtant il n'a rien pris.

*Second Vigneron.*

N'aivé vò poin vu d'aivanture
Dezô lai tarre dé monture
De lucifar qui ne fon ran
Que boire & maudire dé Jan?

*Bon-tems.*

J'ai vû un facheux Héraclite
Qui prend toute chofe à l'envers,
Et le bon vieillard Démocrite
Qui fe moque de l'Univers.
    J'ai vû Ariftide forcé
D'une prompte & jufte colère,
Ayant les Tritons terraffé
Prendre pitié de leur mifére.
    J'ai vû les irritez Deftins
Arracher à Jupin la foudre,
Pour punir les Médiaftins
Et les reduire tous en poudre.

*Premier Vigneron.*

Morbei, qu'a çan que di Bon-tan?
Tö fon jargon poin je n'entan,
Je queude qu'ai lé lar fovaige
Li é-t-on épri ce langaige
En queique païé vé lai mar?

*Second*

*Second Vigneron.*

Tô ce quai di a ben aimar.

**Bon - tems.**

J'ai vû, mais je l'ai vû fouvent
Plufieurs Rodomons faire rage
A efcrimer contre le vent,
Et au fort manquer de courage;
    J'ai vû un Acteon qui voit
Souvent Diane toute nuë
Et fi pourtant il n'aperçoit
Qu'il porte la tête Cornue

*Premier Vigneron.*

N'é tu pà vû Noftradameuffe
Qu'éto lôgé ché Jan flaimeuffe,
Patiflei au mitan du Bor?

*Second Vigneron.*

Tô çan qu'aidi vai ai rebor,
En fon pairôlai ne te fie,
Ce n'a ran que filôfôfie.

**Bon - tems.**

J'ai vû un Prête qui n'avoit
Mangé prune de prophetie,
Er fi pourtant il devinoit
Sans penfer à fa Poëfie.
    J'ai vû fur le bord de la mer
Des Oifons pris à la panteine,
J'ai vû des Cyclopes en lair,
Epouvanter toute la pleine.

J'ai

J'ai vû un faux Confeil tenu
Pour mettre le monde en chemife,
Et à la fin le rendre nud
Si Ariftide n'y avife.

*Premier Vigneron.*

Je voi bé que ça de bon tan,
Compeire, ai lé le cœur contan
Ma de tô ce quai di en fonge
Ai n'é tan vû de lai Venonge.

*Second Vigneron.*

Ce feré por le moi de Mai,
Que lé Fô revaron tô gai,
Cependan je feron morvaille,
Bon tan é lai couleur varmaille,
Vo le revarei ai ce jor
Se reinjai aivô lé Fô,
Corre le grei, ou bé languille,
Tô defandée de file en file.

*Premier Vigneron.*

Seré dan lai plaice fain Jan,
Voù s'écraferon mointe jan,
Vo voirei mointe mainigance,
Tretò lé Fô corre lai lance
Tirai contre ein home de boò,
Qui bailleré du poin au doò,
Vo varei dire mointe chôfe,
Vo varei décôvri lai glôfe,
Vo reconnoitré que lé Fô
Pôve, & faive bé dire ai tô,
Que tô lé Fô n'y faifein faute,

Je

Je les y aiffigne ai voi haute,
Aidei vo di jeuqu'ai ce tan,
J'ailon tô boire aivô Bon - tan.

# CHANSON.

Voici le reveil de bon-tems.                    Lis
Que tous les Foux feront contens
De voir l'Infanterie,
Mes Amis,                       Je vous dis
Qu'à ce coup,                   Tous les Foux
Reverront la Folie,
Mes Amis                        Je vous dis
Qu'à ce coup                    Tous les Foux
Meneront bonne vie.

    Les Foux ne font plus endormis,            bis
Ils ont tous leur Chaperon mis
Ce n'eft pas mocquerie,
Mes Amis, &c.

    Les Foux font toujours de faifon,          bis
Et ne font jamais fans raifon,
Ni fans rimaillerie.
Mes Amis, &c.

    Les Foux parleront librement,              bis
Et fe plaindront à la Maman
Des tours de rufterie,
Mes Amis, &c.

    Les Foux ont du jaune & du verd,           bis
Et du rouge pendant l'hyver,
Pour boire à la Folie,
Mes Amis, &c.

O

Les

Les Foux demain s'affembleront,      bis
Et des couleurs vêtus feront,
De nôtre Infanterie,
Mes Amis, *&c.*

Que tous les Foux fur leur ferment,     bis
Y viennent boire enfemblement,
Pour faire raillerie,
Mes Amis *&c.*

# RETOUR DE LA MERE-FOLIE

*PANTALLONADE AUX DAMES.*

Divines Maitreffes des Cœurs,
Après avoir ravi nos Ames,
Vous laiffés nos corps pleins de flammes,
Et faites des Foux ferviteurs.
Ainfi permettez-nous de vous faire une offrande
Des poftures & pas de notre folie Bande.

*Premiere Entrée de la Mere-Folle, étant feule.*

Enfin mes maux s'en vont finis,
J'ai quitté ces lieux folitaires,
Où tant de facheufes affaires
Tenoient mes paffe-tems bannis.
Pour mieux me divertir, de ma trifte demeure
Je me rends à Dijon pour regner un quart-d'heure.
Autrefois mon train piaffant
En fa plaifante braverie
Efcortoit avec raillerie
La pompe d'un Char triomphant,
Au lieu que maintenant, fans être careffée,
Je me vois de mes gens triftement délaiffée.

Mais

Mais d'où vient tout ce changement ?
On voit des Foux en abondance,
Le Jeu, l'Amour & la Science
En fourniſſent à tout moment,
Cependant aujourd'huy la Mere de Folie
Se trouve ſeule ici dans la mélancholie.
    N'importe, il faut que le bon-tems
    Chaſſe bien-tôt cette triſteſſe,
    Qu'il me remette en allegreſſe
    Et rende tous les Foux contens,
Que ſi je me peux voir hors de ce précipice
Je mettrai la Sageſſe en daube & en épice.

*Seconde entrée des Enfans de la Mere - Folle.*

    Nos cris ceſſeront à ce jour,
    En faiſant un ſi beau rencontre ;
    Quel bonheur aujourd'hui nous montre
    Nôtre Mere dans ſon retour ?
Courons pour l'embraſſer, & lui faiſons careſſe,
Banniſſons deformais le ſouci qui la preſſe.

*Troiſieme entrée d'un Maître Fou, qui vient faire préſent d'u-*
*ne Marotte à la Mere - Folle.*

    Ravi d'un ſi charmant retour
    Je viens préſenter à ma Reine
    Une Marotte Souveraine,
    Afin de rétablir ſa Cour,
Et ſi je viens à bout de ma noble entrepriſe,
Je trouverai bien-tôt des Sujets à ſa guiſe.
    Auſſi qu'on ne s'étonne pas,
    Si je fais voir quelque poſture
    Pour charmer toute la nature,
    La Folie a de grands appas,

Même pour établir la vertu de fes charmes,
Je veux faire fentir le pouvoir de fes Armes.

*Quatrieme entrée d'un Amant Amoureux qui offre le Portrait de fa
Maîtreffe à la Mere-Folle pour fa Marotte, & d'un Joueur.*

### L'Amant.

Beauté, dont les puiffans attraits
Me font une éternelle guerre,
Vous reduifez toute la terre
A fouffrir les coups de vos traits.
Mais fi je fuis contraint de rendre cet hommage,
Je ne puis autrement que vous donner pour gage.

### Le Joueur.

Mon art, mon adreffe, & mon jeu
Relèvent de Mere-folie,
Si je paffe mélancholie,
C'eft en lui préfentant un vœu.
Etant donc obligé d'affermir fa puiffance,
J'apporte mon Cornet, pour lui livrer ma chance.

*Cinquieme entrée de Maitre George, & de fes deux Garçons qui
viennent régaler la Mere-Folle.*

Je fçais faire fauce & ragoût,
Et je tiens ouverte l'Ecole,
Pour bien régaler Mére-Folle,
Toutefois pour flatter fon goût,
Je viens lui faire part de cette fricaffée
Que je fis pour des Foux la femaine paffée.

### Ses deux Garçons.

Nous fecondons votre deffein
Maitre George, la fauce eft bonne;

*Ses*

Mais du moins le Jus de la tonne
Doit embellir nôtre Festin,
Aussi nous apportons les plats & la Bouteille
Pour mêler à la fois les ragoûts & la treille.

*Sixieme Entrée d'un Plaideur.*

Au Diable soient tous les Procès,
Si ce n'est pour faire alliance
Avec la Mére de Jouvence,
Comme un de ses premiers Sujets.
Je viens à son retour lui donner ma pratique,
Mes papiers, & mes sacs, & toute ma boutique.

*Septieme Entrée d'un Musicien & d'un Poëte.*

### *Le Musicien.*

Pour moi, j'aporte mes chansons
Mes airs, ma note, & mon caprice
Pour en faire un beau sacrifice
A la Mere des Foux qui ranime nos sens,
Et pour mieux entonner & la Tierce & la Quinte,
A sa santé bûvons & la Quarte & la Pinte.

### *Le Poëte.*

J'ai quitté ces superbes lieux,
J'amene le Cheval Pégase,
Afin de ravir en extase,
Et porter Mere-Folle aux Cieux.
Sans son heureux retour, mes Muses font muettes,
Ou du moins tous mes Vers ne font que des fornettes.

---

Imprimé à DIJON chez CHAVANCE en 1650.

O 3     HOMOLO-

# HOMOLOGATION

*D'une Délibération de la Chambre de Ville de Châlon, qui a-*
*bolit la Mere-Folle.*

LE 31. Janvier 1626. (*a*) a été homologuée la Délibération
de la Chambre de Ville de Châlon, contenant défenſe aux
Habitans de la dite Ville (*b*) de faire aucunes Aſſemblées en Public ou en ſecret, ſous les noms de Mere-folie ou *Gaillardon*, (*c*)
marcher en troupe à pied, ou à Cheval en Maſque, & ſans
Maſque, réciter ni chanter Vers, Satire, Proſe, Dialogue, ou
autres choſes ſemblables ; & à la dite Cour ordonné aux Péres
de tenir la main, à ce qu'il n'y ſoit contrevenu par leurs Enfans & Domeſtiques, à peine d'être procédé contr'eux, ainſi qu'il
appartiendra, & que l'Information commencée contr'eux pour ce
regard, par le Maire de la Ville ſera parachevée.

# RE'TABLISSEMENT

*De la Compagnie, dite* GAILLARDON.

LE 18. Fevrier, (*d*) ſur la Requête préſentée par la Jeuneſſe
de Châlon, il fut fait Arrêt, par lequel les dites Défenſes
ont été levées, & permis à cette Jeuneſſe, de s'aſſembler ſous le
nom de *Gaillardon*, marcher par la dite Ville de Châlon, & faire
toutes ſortes de récréations, ſans bruit, ni ſcandale, & avec la
permiſſion du Magiſtrat, auquel ils ſeront tenus de repréſenter les
Vers, qu'ils compoſeront, avant que de les réciter en public,
pour

(*a*) Voy. Reg. des Délibérations de la Gr. Chambre, & celui des Arrêts Civils.
(*b*) On voit par-là qu'il y avoit à Châlon une Societé de la Mere-Folle, à l'imita-
tation de la Capitale.
(*c*) Le Prince de Condé, Pére du Grand Condé, ſe fit recevoir dans cette Societé,
ſelon le Pére *Perry*, Jéſuite, dont voici les parolles. ,,Durant le peu de ſéjour qu'il
,,y fit, (à Châlon) il s'y divertit aſſés agréablement, & voulut être reçu dans une
,,Compagnie qu'on apelloit des *Gaillardons*. Elle étoit compoſée des meilleurs Eſprits de
,,la Ville, des plus enjoüés, & qui ne demandoient qu'à rire.'' Voy. *l'Hiſtoire de Châlon*,
*pag.* 434.
(*d*) Reg. de la Gr. Chambre, & des Arrêts Civils.

pour ôter tout ſujet de plainte ; & à la Charge de n'uſer de cette liberté , ſinon au tems que les récréations ſeront permiſes à un chacun.

LE 16. Juin 1578 (*e*) à l'Audience Publique , défenſes ont été ſaites aux Habitans de cette Ville, de cy-après élire aucuns d'iceux, ou autres perſonnes, pour tenir rang de Roi, entr'eux à la Fête des Rois, ſur peine de l'amender arbitrairement. La même choſe, ou à peu près de même (*f*) fut ordonnée le 16. Avril 1616. au ſujet d'un Prince, Abbé, ou Capitaine que les Enfans de Cuiſery éliſoient tous les ans entr'eux.

# E D I T

*Qui abolit & abroge , ſous de groſſes peines, la Compagnie de la Mere-Folle de Dijon.*

PAR Edit donné à Lyon le 21. Juin 1630. (*g*) vérifié & enrégiſtré à la Cour le 5. Juillet ſuivant, il eſt dit : Conſiderant auſſi les plaintes, qui nous ont été faites de la coutume ſcandaleuſe obſervée en la dite ville de Dijon , d'une Aſſemblée d'Infanterie , & Mere-Folie, qui eſt vraiment une Mere & pure Folie, des deſordres & débauches qu'elle a produits, & produit encore ordinairement contre les bonnes mœurs, repos & tranquilité de la Ville, avec mauvais exemples. Voulant déraciner ce mal & empêcher qu'il ne renaiſſe ſi vite à l'avenir, Nous avons de nôtre pleine puiſſance, & autorité Royale, abrogé, révoqué, & aboli, & par ces Préſentes ſignées de nôtre main, abrogeons, revoquons

&

(*e*) *Ibid.*

(*f*) Reg. des Arr. Prep. Crimin.

(*g*) On croiroit que cet Edit ne fut pas d'abord obſervé, puiſque l'on voit dans *le recit de ce qui s'eſt paſſé en la Ville de Dijon pour l'heureuſe Naiſſance de Monſeigneur le Dauphin* ( Louis XIV. ) *Dijon 1638* que ,, l'Infanterie Dijonnoiſe . . . . . . parut alors ,, dans ſon luſtre, & étoit compoſée de plus de quatre cent hommes à Cheval, maſqués ,, en habits de diverſes couleurs, & fit entendre les rimes Bourguignonnes ſur le ſujet ,, de cette heureuſe Naiſſance. `` L'Edit eut lieu cependant, & l'on ne s'aſſembla plus d'autorité privée, mais ſeulement avec la permiſſion des Gouverneurs, comme en 1638. 1650. &c.

& aboliſſons la dite Compagnie d'Infanterie & Mere-Folie ; défendons à tous nos Sujets de la dite Ville & autres, de s'aſſembler cy-
après ; s'enrôller & s'aſſocier, ſous le nom d'Infanterie , ou Mere-Folie, ni faire enſemble feſtins pour ce ſujet, à peine d'être
déclarés indignes de toutes Charges de Ville, dont dès à preſent nous
les avons déclarés indignes & incapables d'y être jamais apellés :
& outre ce, à peine d'être punis comme Pertubateurs du repos
public.

*F I N.*

---

A V I S  A U  R É L I E U R.

Il placera les XII. Planches en taille douce , après
l'Epitre Dédicatoire, avant la Matiere.